Gudrun Nielsen

Dänemark

— KOCHBUCH —

WirmachenDruck.de
Sie sparen, wir drucken!

Email: info@edition-lunerion.de
www.edition-lunerion.de

Psiana eCom UG
Berumer Str. 44
26844 Jemgum

Vorwort

Sie lieben Dänemark-Urlaub im gemütlichen Ferienhaus am Meer? Dann haben Sie sicher auch die hygge-passende Landesküche schätzen gelernt – und falls Sie noch nicht auf den Dänemark-Geschmack gekommen sind, dann können Sie das mit diesem Kochbuch ganz einfach zuhause nachholen!

Umgeben von zwei Meeren, die reichlich Fisch liefern, weitverbreitete Landwirtschaft, die für Brot und Backware aller Art sorgt, und dazu ausgiebige Schweinezucht: Die Grundzutaten für deftiges, geschmackvolles Essen sind reichlich vorhanden und die dänischen Traditionen in Verbindung mit stets neuen, zeitgemäßen Impulsen rund um biologischen Anbau, Nachhaltigkeit und Saisonalität haben daraus das Beste gemacht. Ob die berühmten Hot Dogs, Schweineschwartenbraten zu Weihnachten, Smørrebrød oder rote Grütze mit Sahne, die Dänen verstehen es, sommers wie winters die dänische Hygge-Gemütlichkeit durch unverwechselbare Geschmackshighlights zu perfektionieren. Dabei kommt zudem die Vielfalt nicht zu kurz und so finden hier Freunde herzhaften Fleischgenusses genauso ihre Lieblingsspeise wie Fischliebhaber – und auch Veggies entdecken die eine oder andere Leckerei.

Guten Appetit!

INHALT

Wissenswertes

WAS BEDEUTET EIGENTLICH HYGGE?

Der Begriff Hygge ist mittlerweile auch in Deutschland sehr bekannt. Doch was hat es damit eigentlich auf sich?
Der Ursprung findet sich überraschenderweise nicht in Dänemark, sondern in Norwegen. Es bedeutet so viel wie das Wohlbefinden. Erst seit Ende des 18. Jahrhunderts ist der Begriff Hygge auch in der dänischen Sprache zu finden. Allerdings hat das dänische Volk daraus eine ganz eigene Interpretation gezogen.

Hygge ist einfach alles in Dänemark. Es ist ein wesentlicher Bestandteil der Tradition und der Lebensweise. Es bezeichnet vor allem die Gemütlichkeit, insbesondere eine herzliche, gemütliche Atmosphäre. Es soll das Gute im Leben mit lieben Freunden genossen werden.

So werden auch die Mahlzeiten in Dänemark gepflegt. Hygge heißt hier, gemütlich mit der Familie oder mit Freunden über viele Stunden zusammen am Tisch zu sitzen, zu essen und zu trinken und über alles Mögliche im Leben zu philosophieren.

Hygge hat immer Saison, egal, ob draußen die warme Sonne vom Himmel scheint oder der Winter mit Kälte und Schnee vorherrscht. Ein hyggeliges Gefühl kommt vor allem dann auf, wenn die Atmosphäre mit Kerzenschein ausgeleuchtet wird. Kerzen bilden eine wesentliche Grundlage, um alles hyggelig zu machen. Wahrscheinlich verbraucht das dänische Volk daher auch die unbeschreibliche Menge von bis zu acht Kilogramm Kerzen pro Einwohner im Jahr.

Aber Hygge bezeichnet nicht nur das Lebensgefühl der Dänen. Auch die Einrichtungen von zum Beispiel dänischen Ferienhäusern wird Hygge genannt. Hier ist das unverkennbare dänische Design der Möbelstücke gemeint.

Im Sommer heißt Hygge, sich mit Freunden in Parks oder Cafés zu treffen. Hygge sind Besuche von Konzerten oder Straßenfesten. Hygge ist auch Radfahren oder andere Aktivitäten und das alles auf die dänische Art.

Im Winter sind Kerzen, eine schöne Beleuchtung, Besuche auf den Weihnachtsmärkten und vieles mehr Hygge.

In Dänemark ist einfach alles hyggelig. Deshalb gibt es hier auch viele Ferienhäuser an Nord- und Ostsee, die bei Touristen äußerst beliebt sind.

DAS IST DÄNEMARK, DAS LAND ZWISCHEN DEN MEEREN

Dänemark ist eines von drei Ländern, welches zum Königreich Dänemark gehört. Daneben gehören die Faröer und Grönland zu Dänemark.

Das Land schließt sich an den äußersten Norden Deutschland an. Im Westen befindet sich die Nordsee und im Osten die Ostsee. Das Besondere an Dänemark ist, dass Sie hier an der nördlichsten Stelle des Landes zusehen können, wie beide Meere zusammenfließen.

Dänemark ist eines der Gründungsmitglieder der NATO und gehört seit dem Jahr 1973 der Europäischen Union, deren Vorgängerin die EWG war, an. Es gibt nur eine Landesgrenze, nämlich die zu Deutschland.

Allerdings ist noch eine weitere Landesgrenze auf der Hans-Insel vorhanden. Diese Insel befindet sich im Kennedy-Kanal, welcher sich wiederum an der nordwestlichen Spitze von Grönland wiederfindet. Diese Insel wurde zunächst von Kanada beansprucht, als das Vereinigte Königreich (Großbritannien) arktische Gebiete an Kanada übergab. Dänemark wiederum hat einen Anspruch auf Grönland erhoben, was auch international anerkannt wurde. Somit glaube Dänemark, dass auch die Hans-Insel zu dänischem Staatsgebiet gehöre.

Dieser Konflikt zwischen Dänemark und Kanada kam erst im Jahr 1973 zum Vorschein. Seither wurde die Hans-Insel immer wieder von kanadischen und dänischen Staatsbürgern heimgesucht. Wenn eine Landesflagge dort hinterlassen wurde, wurde sie gleich wieder entfernt und durch die eigene Flagge ersetzt. Jedes Mal wurde auch eine Flasche landesüblicher Spirituosen an der Flagge abgelegt. Auch diese wurde regelmäßig ausgetauscht, daher trägt diese Auseinandersetzung über die Souveränität dieser unbewohnten kleinen Insel auch den Beinamen Whisky War.

Mittlerweile konnten sich beide Außenminister auf eine Beilegung des Streites um die Insel einigen. Allerdings ist dies noch nicht lange her, denn erst seit dem Jahr 2022 existiert ein Grenzvertrag zwischen Dänemark und Kanada. Seither verläuft die Grenze an einer Schlucht, die sich von Norden nach Süden durch die Hans-Insel zieht.

Trotz des Umstandes, dass Dänemark der Europäischen Union angehört, gibt es hier immer noch die ursprüngliche Landeswährung Dänische Krone. Ein Euro entspricht etwa 7,46 Dänische Kronen.

Die Amtssprache ist Dänisch, allerdings wird im gesamten Land die deutsche Sprache als Minderheitensprache anerkannt. Es ist also durchaus möglich, dass Sie vielen dänischen Bürgern begegnen, die Deutsch sprechen können. Zudem werden Sie viele Ähnlichkeiten zur plattdeutschen Sprache finden. Dänemark ist ein Königreich, was bedeutet, dass es hier einen König gibt. Dieser ist seit dem 14. Januar 2024 König Frederik X. Vor ihm war seine Mutter Margrethe II, die wiederum aus dem Hause Schleswig-Holstein-Sonderburg-Glücksburg stammt, die Königin von Dänemark.

Diesem Hause gehören viele weitere Monarchen in ganz Europa an. So war zum Beispiel auch Prinz Philip von England, der Vater des heutigen Königs Charles III., dem Hause Glücksburg angehörig.

Die Geschichte Dänemarks ist verbunden mit den Wikingern. Allgemein wurde das dänische, das norwegische und das schwedische Volk bis ins 11. Jahrhundert als Wikinger bezeichnet. Ein wichtiger Handelsort war damals Haithabu, welches sich heute in Schleswig-Holstein befindet und als Museum zu besichtigen ist.

In Dänemark befinden sich fünf Weltkulturerbestätten. Diese sind der Dom zu Roskilde, das Schloss Kronborg, die Runensteine, Grabhügel und Kirche von Jelling, das Christiansfeld und die Jagdlandschaft Nordseeland.

Touristisch gesehen bietet Dänemark einige Highlights, sodass es sich immer lohnt, dort einmal ein Ferienhaus zu mieten, um das Land zu erkunden. Auch die Campingplätze sind regelmäßig ausgebucht.

Zum Beispiel gibt es viele schöne Strände an der Nordsee und auch an der Ostsee. Die Küste Dänemarks ist insgesamt 7.400 Kilometer lang und egal, wo Sie sich befinden, Sie werden nie weiter als 50 Kilometer fahren müssen, um ans Meer zu gelangen.

Besuchen Sie das Legoland in Billund oder die dänische Hauptstadt Kopenhagen. Auch den Skagerrak sollten Sie unbedingt aufsuchen, denn hier treffen sich Nord- und Ostsee.

Schöne Inseln befinden sich sowohl in der Ostsee als auch in der Nordsee. Besonders interessant sind die Inseln Fanø und Rømø im Wattenmeer der Nordsee. Erstere ist nur mit einer Fähre zu erreichen, während Sie Rømø auch über einen Damm mit dem Auto anfahren können.

Frühstück

ØLLEBRØD |

ROGGENBROT-PORRIDGE

4 Port. | 45 Min. + 1 Nacht Quellzeit | Leicht

Zutaten

170 ml Bier, dunkel
125 g Roggenbrot
30 g Zucker
½ Zitrone
½ TL Zimt, gemahlen
¼ TL Kardamom, gemahlen
3 EL Wasser
1 Prise Salz
80 g Brombeeren, alternativ Beeren nach Wunsch
100 g Schmand

Nährwerte p. P.

186 kcal
26 g Kohlenhydrate
6 g Fett
3 g Eiweiß

1 Schneiden Sie das Brot in kleine Würfel und geben Sie es in einen Topf. Pressen Sie die Zitrone aus und geben Sie den Saft über die Brotwürfel. Gießen Sie nun das Bier dazu und vermischen Sie alle Zutaten mit dem Wasser, dem Zucker, dem Kardamom, dem Zimt und dem Salz. Decken Sie den Topf ab und stellen Sie ihn bei Raumtemperatur für mindestens zwölf Stunden beiseite, damit die Zutaten quellen können.

2 Am Zubereitungstag kochen Sie die Zutaten bei geringer Temperatur vorsichtig auf. Köcheln Sie die Speise unter ständigem Rühren, bis sich eine cremige Masse entwickelt. Sie können der Speise noch etwas Wasser hinzufügen, damit sie cremiger wird.

3 Füllen Sie den Schmand in eine Schüssel und rühren Sie ihn glatt. Waschen Sie die Beeren ab und tupfen Sie sie vorsichtig mit einem Stück Küchenpapier trocken.

4 Verteilen Sie das Øllebrød auf Schüsseln, geben Sie etwas Schmand darauf und verteilen Sie dann die Beeren. Sie können die Speise warm oder kalt genießen.

GEBACKENE HAFERFLOCKEN

4 Port. | 60 Min. | Mittel

Zutaten

300 ml Haferdrink, alternativ Milch
100 ml Sahne
200 g Apfelmus
100 g Haferflocken, kernig
50 g Butter
50 g Himbeeren, TK
50 g Haselnüsse
1 TL Zimt
1 Apfel, säuerlicher Geschmack
2 Prisen Salz

Nährwerte p. P.

427 kcal
32 g Kohlenhydrate
29 g Fett
7 g Eiweiß

1 Heizen Sie den Backofen auf 180 °C Ober- und Unterhitze vor. Stellen Sie eine Auflaufform hinein, damit sie aufgewärmt wird.

2 Schälen und entkernen Sie den Apfel und schneiden Sie ihn in dünne Scheiben. Hacken Sie die Haselnüsse in grobe Stücke.

3 Holen Sie die Auflaufform aus dem Ofen und geben Sie die Butter und die Haferflocken hinein. Verrühren Sie beides miteinander, bis die Butter geschmolzen ist. Stellen Sie die Form wieder in den Backofen und rösten Sie die Haferflocken für etwa acht Minuten.

4 Währenddessen gießen Sie den Haferdrink in einen Topf und erwärmen ihn vorsichtig bei niedriger Temperatur. Vermischen Sie den Zimt und das Salz darin.

5 Nehmen Sie die Form aus dem Ofen und gießen Sie die warme Hafermilch darüber. Verteilen Sie die Apfelscheiben auf der Oberfläche und streichen Sie das Apfelmus darüber. Auf dem Apfelmus verteilen Sie nun die Haselnüsse. Stellen Sie die Form wieder in den Backofen und überbacken Sie die Speise für etwa 20 bis 25 Minuten, bis sie eine goldbraune Farbe angenommen hat.

6 In der Zwischenzeit schlagen Sie die Sahne mit einem Handrührgerät steif. Garnieren Sie die gebackenen Haferflocken mit der Sahne und verteilen Sie die Himbeeren auf der Speise.

SMØRREBRØD I. |

BELEGTE BROTE

2 Port. 20 Min. Einfach

Zutaten

4 Scheiben Brot nach Wahl
100 g Krautsalat
200 g Hüttenkäse
100 g Rucola
50 g Butter

Belag:
100 g Krabben
100 g Lachs, geräuchert
1 Avocado
2 Eier
½ Salatgurke

Topping:
Kresse nach Belieben
Zwiebel nach Belieben
Dill nach Belieben

Varianten:
Radieschen
Parmaschinken
Tomaten
Roastbeef
Salate

Nährwerte p. P.

315 kcal
13 g Kohlenhydrate
22 g Fett
18 g Eiweiß

1 Wenn Sie mögen, können Sie die Brotscheiben vor dem Belegen in einer Pfanne anrösten.

2 Kochen Sie die Eier hart, pellen Sie sie und schneiden Sie sie in Scheiben. Andere Zutaten säubern Sie nach Bedarf, schälen sie ab und schneiden sie in Scheiben.

3 Richten Sie alle Zutaten auf Tellern an. So kann sich jeder Gast sein Smørrebrød selbst zusammenstellen.

4 Alternativ können Sie auch die Brote vorbereiten und fertig belegt auf einem Teller servieren.

SMØRREBRØD II. |

BELEGTE BROTE

1 Port. 20 Min. Einfach

Zutaten

Wachtelei-Avocado:

1 Scheibe Brot nach Wahl
3 Wachteleier
½ Avocado, in Scheiben
1 TL Zitronensaft
1 TL Remoulade
1 TL Butter
1 TL Schnittlauch, geschnitten
Fett zum Braten
Pfeffer nach Belieben
Salz nach Belieben

Lachs-Tomate:

1 Scheibe Brot nach Wahl
1 Scheibe Lachs, geräuchert
1 Garnele, Tiefsee
1 TL Butter, alternativ Kräuterbutter
1 Tomate
2 Blätter Basilikum

Lachs-Gurke:

1 Scheibe Brot nach Wahl
1 Scheibe Lachs, geräuchert
3 Garnelen, Tiefsee
1 Radieschen
1 TL Butter, gesalzen
3 Scheiben Salatgurke
1 Zweig Petersilie

Nährwerte p. P.

1042 kcal
85 g Kohlenhydrate
57 g Fett
0,52 g Eiweiß

1 Träufeln Sie den Zitronensaft auf die Avocadoscheiben, damit sich diese nicht bräunlich verfärben.

2 Streichen Sie die Butter und anschließend die Remoulade auf das Brot. Verteilen Sie die Avocadoscheiben darauf.

3 Erhitzen Sie etwas Fett in einer Pfanne und braten Sie darin die Eier als Spiegeleier. Verteilen Sie sie auf dem Brot, würzen Sie sie mit Salz und Pfeffer und streuen Sie die Schnittlauchröllchen darüber.

4 Streichen Sie die Butter/Kräuterbutter auf das Brot. Säubern Sie die Tomate und schneiden Sie sie in dünne Scheiben. Verteilen Sie die Tomatenscheiben auf dem Brot.

5 Legen Sie den Räucherlachs auf die Tomaten und dekorieren Sie das Brot mit der Garnele und den Basilikumblättern.

6 Bestreichen Sie das Brot mit der gesalzenen Butter. Säubern Sie das Radieschen und schneiden Sie es in Scheiben. Belegen Sie das Brot mit den Radieschen- und den Gurkenscheiben.

7 Legen Sie den Räucherlachs auf das Brot und garnieren Sie es mit den Garnelen und der Petersilie.

SMØRREBRØD III. |

BELEGTE BROTE

1 Port. 10 Min. Einfach

Zutaten

1 Scheibe Pumpernickel
½ Rote Bete
¼ Birne
1 EL Hüttenkäse
1 TL Dill, gehackt
Pfeffer nach Belieben
Salz nach Belieben

Nährwerte p. P.

102 kcal
18 g Kohlenhydrate
1 g Fett
4 g Eiweiß

1 Streichen Sie den Hüttenkäse auf das Brot. Schneiden Sie die Rote Bete sowie die Birne in Scheiben und verteilen Sie sie auf dem Brot.

2 Streuen Sie den Dill darauf und würzen Sie es nach Belieben mit Salz und Pfeffer.

SMØRREBRØD IV. |

BELEGTE BROTE

8 Scheiben | 40 Min. | Einfach

Zutaten

Krabbenbrot:
2 Scheiben Toastbrot
150 g Krabben, Tiefsee
2 Heringsfilets
2 Salatblätter
2 Scheiben Ei, gekocht
3 Stiele Dill
2 TL Senf
2 EL Mayonnaise
Zucker nach Belieben
Pfeffer nach Belieben
Salz nach Belieben
Zitrone + Dill zum Garnieren

Putenbrust:
2 Scheiben Toastbrot
2 Scheiben Bacon
2 Scheiben Putenbrust
2 Salatblätter
3 EL Remoulade
1 EL Röstzwiebeln
2 Cornichons
2 Rote Bete
1 kleines Stück Salatgurke
Petersilie zum Garnieren

Krabbenbrote: Spülen Sie den Dill ab und hacken Sie ihn in kleine Stücke. Geben Sie die Mayonnaise in eine Schüssel und vermischen Sie sie mit dem Senf, dem Zucker und etwas Salz. Streichen Sie die Creme auf die Brote und belegen Sie sie mit den Salatblättern. Verteilen Sie die Krabben darauf und würzen Sie nach Belieben mit Pfeffer. Zum Garnieren drapieren Sie die Eierscheiben, die Heringsfilets, den Dill und ein Stück Zitrone auf den Oberflächen.

Putenbrote: Erhitzen Sie eine Pfanne ohne Fettzugabe und braten Sie den Speck knusprig aus. Schneiden Sie ihn in Stücke. Schneiden Sie die Rote Bete und die Salatgurke in kleine Würfel und vermischen Sie beides mit dem Bacon und den Röstzwiebeln. Bestreichen Sie die Brote mit der halben Menge der Remoulade und verteilen Sie die Salatblätter und die Putenbrust darauf. Geben Sie die übrige Remoulade als Klecks auf die Putenbrust und garnieren Sie beide Brote mit der Speckmischung und den Petersilienblättern.

Käsebrote: Bestreichen Sie die Brote mit dem Frischkäse und würzen Sie sie nach Belieben mit dem Pfeffer. Belegen Sie sie mit den Salatblättern und dem Käse. Geben Sie einen Klecks Frischkäse auf die Oberfläche und garnieren Sie die Brote mit den Erdbeeren.

Käsebrot:
2 Scheiben Schwarzbrot
2 Scheiben Blauschimmelkäse
2 Salatblätter
60 g Frischkäse
Pfeffer nach Belieben
Erdbeeren zum Garnieren

Forellenbrot:
2 Scheiben Schwarzbrot
60 g Forellenfilet
2 Salatblätter
2 Eier
2 Lauchzwiebeln
3 TL Butter
4 EL Milch
Pfeffer nach Belieben
Salz nach Belieben
Forellenkaviar zum Garnieren
Schmand zum Garnieren

Nährwerte p. Scheibe

280 kcal
18 g Kohlenhydrate
16 g Fett
15 g Eiweiß

Forellenbrote: Säubern Sie die Lauchzwiebeln und schneiden Sie sie in feine Ringe. Füllen Sie die Milch in eine Schüssel und vermischen Sie sie mit dem Salz und dem Pfeffer. Erhitzen Sie eine Pfanne mit einem Teelöffel Butter und braten Sie die Lauchzwiebeln darin an. Schlagen Sie die Eier hinein und braten Sie sie als Rührei aus. Bestreichen Sie die Brote mit der übrigen Butter und verteilen Sie die Salatblätter darauf. Geben Sie das Rührei auf die Salatblätter und belegen Sie sie mit den Forellenfilets. Garnieren Sie die Brote mit etwas Schmand und dem Kaviar.

Salate

ÆGGESALAT |

EIERSALAT

4 Port. 30 Min. Leicht

Zutaten

6 Eier
100 g Lachs, geräuchert
200 g Erbsen, TK
50 g Mayonnaise
70 g Krabben
125 ml saure Sahne
1 EL Zitronensaft
½ Bund Petersilie
1 Prise Zucker
Pfeffer nach Belieben
Salz nach Belieben

Nährwerte p. P.

368 kcal
10 g Kohlenhydrate
26 g Fett
24 g Eiweiß

1 Kochen Sie die Eier, bis sie hart sind. Nach dem Abkühlen pellen Sie die Schale ab und schneiden sie in Scheiben. Spülen Sie die Petersilie ab und hacken Sie sie in feine Stücke. Garen Sie die Erbsen nach Packungsanleitung und gießen Sie sie anschließend durch ein Sieb ab. Schneiden Sie den Lachs in Streifen.

2 Geben Sie die Erbsen, die Krabben, die Eier und den Lachs in eine Schüssel und vermischen Sie alles vorsichtig miteinander.

3 Füllen Sie die Mayonnaise und die saure Sahne in eine weitere Schüssel und schlagen Sie sie zu einer schaumigen Masse. Rühren Sie den Zitronensaft sowie den Zucker dazu und würzen Sie die Marinade nach Belieben mit Salz und Pfeffer. Zum Schluss heben Sie die Petersilie unter die Marinade.

4 Nun heben Sie die festen Zutaten unter die Marinade. Stellen Sie sie für etwa 15 Minuten zum Ziehen in den Kühlschrank.

DÄNISCHER BOHNENSALAT

4 Port. | 100 Min. | Leicht

Zutaten

250 g Bohnen, grün
200 g Pellkartoffeln
3 Matjesfilets
1 Zwiebel
1 EL Butter
½ TL Salz
4 EL Mayonnaise
½ Bund Petersilie
½ Becher Joghurt
½ Zitrone, den Saft davon
etwas Pfeffer
etwas Zucker
etwas Salz

Nährwerte p. P.

351 kcal
16 g Kohlenhydrate
25 g Fett
14 g Eiweiß

1 Säubern Sie die Bohnen, schneiden Sie die Enden ab und halbieren Sie sie. Geben Sie die Bohnen in kochendes Wasser, vermischen Sie das Salz und die Butter darin und köcheln Sie sie in 20 Minuten gar. Anschließend gießen Sie sie durch ein Sieb ab und stellen sie zum Abkühlen beiseite. Spülen Sie die Petersilie ab und hacken Sie sie in feine Stücke.

2 Währenddessen schneiden Sie die Matjesfilets in mundgerechte Stücke. Entfernen Sie die Schale von den abgekühlten Pellkartoffeln und schneiden Sie sie ebenfalls in mundgerechte Stücke. Pellen Sie die Zwiebel und schneiden Sie sie in kleine Würfel.

3 Geben Sie die Kartoffeln, die Bohnen, den Fisch und die Zwiebeln in eine Schüssel und vermischen Sie alle Zutaten vorsichtig miteinander.

4 Verrühren Sie in einer Schüssel die Mayonnaise, den Zitronensaft und den Joghurt miteinander. Würzen Sie die Marinade mit Zucker, Salz und Pfeffer.

5 Geben Sie die Marinade über den Bohnensalat und rühren Sie sie vorsichtig unter. Stellen Sie den Salat für eine Stunde zum Ziehen beiseite. Zum Servieren streuen Sie die Petersilie über den Salat.

KARRYSILD |

HERINGSSALAT MIT CURRY

4 Port. 90 Min. Leicht

Zutaten

300 g Bismarckheringe
50 g Gewürzgurken
2 EL Mayonnaise
4 EL Crème fraîche
½ TL Zucker
2 TL Currypulver
2 TL Kapern
½ Apfel
½ Zwiebel
Pfeffer nach Belieben
Salz nach Belieben

Nährwerte p. P.

250 kcal
21 g Kohlenhydrate
13 g Fett
13 g Eiweiß

1 Geben Sie die Crème fraîche und die Mayonnaise in eine Schüssel und verrühren Sie beides mit dem Zucker und dem Curry. Schmecken Sie die Creme mit Pfeffer und Salz ab.

2 Pellen Sie die Zwiebel und schneiden Sie sie in kleine Würfel. Schälen Sie den Apfel und schneiden Sie ihn ebenfalls in kleine Würfel. Schneiden Sie auch die abgetropften Gurken und Kapern in kleine Stücke. Die Bismarckheringe schneiden Sie in mundgerechte Happen.

3 Geben Sie alle zerkleinerten Zutaten in eine Schüssel und vermischen Sie sie miteinander. Geben Sie das Dressing dazu und heben Sie es vorsichtig unter.

4 Stellen Sie den Heringssalat für eine Stunde zum Ziehen in den Kühlschrank. Vor dem Servieren schmecken Sie ihn noch einmal mit Pfeffer und Salz ab.

DÄNISCHER KARTOFFELSALAT

6 Port. | 90 Min. | Leicht

Zutaten

1 kg Kartoffeln, kleine
250 g Crème fraîche
1 Bund Dill
1 Bund Schnittlauch
1 Bund Radieschen
Erbsen, frisch aus der Schote nach Belieben
1 EL Rohrzucker
2 EL Mayonnaise
2 TL Senf
1 TL Salz
Pfeffer nach Belieben

Nährwerte p. P.

310 kcal
34 g Kohlenhydrate
16 g Fett
5 g Eiweiß

1 Kochen Sie die Kartoffeln als Pellkartoffeln für etwa 25 Minuten. Lassen Sie sie nicht zu weich werden, dann können Sie die Kartoffeln nicht zerkleinern. Nach dem Kochen stellen Sie sie zum Abkühlen beiseite.

2 In der Zwischenzeit geben Sie die Mayonnaise, die Crème fraîche, den Senf, den Zucker und das Salz in eine Schüssel und vermischen alles miteinander. Spülen Sie die Kräuter ab und hacken Sie sie in feine Stücke. Säubern Sie die Radieschen und schneiden Sie sie in Scheiben. Holen Sie die Erbsen aus den Schoten.

3 Pellen Sie die Kartoffeln und schneiden Sie sie in mundgerechte Stücke. Vermischen Sie sie vorsichtig mit dem angerührten Dressing. Anschließend vermischen Sie die Kräuter, die Radieschen und die Erbsen im Salat. Schmecken Sie den Salat gegebenenfalls mit etwas Pfeffer ab.

DÄNISCHER KÄSESALAT

4 Port. | 60 Min. | Leicht

Zutaten

200 g Dänischer Käse
200 g Schinken, gekocht
2 Tomaten
1 Zwiebel
1 Salatgurke
4 Salatblätter
150 g saure Sahne
2 EL Mayonnaise
1 TL Senf
1 Prise Pfeffer, weiß

Nährwerte p. P.

339 kcal
5 g Kohlenhydrate
23 g Fett
28 g Eiweiß

1 Pellen Sie die Zwiebel und schneiden Sie sie in kleine Würfel. Schälen Sie die Gurke und schneiden Sie sie in kleine Würfel. Säubern Sie die Tomaten und schneiden Sie sie ebenfalls in kleine Würfel. Verfahren Sie ebenso mit dem Käse. Den Schinken schneiden Sie in Streifen. Geben Sie das Gemüse und den Käse in eine Schüssel und vermengen Sie alle Zutaten vorsichtig miteinander.

2 Füllen Sie die saure Sahne in eine Rührschüssel und vermischen Sie sie mit der Mayonnaise und dem Senf. Würzen Sie das Dressing mit dem Pfeffer.

3 Anschließend geben Sie das Dressing in den Salat und heben es vorsichtig unter. Stellen Sie den fertigen Salat für 30 Minuten in den Kühlschrank.

4 In der Zwischenzeit säubern Sie die Salatblätter und legen sie auf einer Servierplatte aus. Richten Sie den Käsesalat auf den Salatblättern an.

GRÜNKOHLSALAT

4 Port. 60 Min. Leicht

Zutaten

200 g Grünkohl
100 g Weintrauben, blau
50 g Datteln, getrocknet
75 g Walnüsse
2 Pck. Grillkäse
2 Stangensellerie
100 ml Rapsöl
4 EL Balsamicoessig, weiß (alternativ Apfelessig)
4 EL Honig, flüssig
1 TL Honig zum Beträufeln
1 TL Öl zum Bestreichen
Salz nach Belieben

Nährwerte p. P.

673 kcal
30 g Kohlenhydrate
52 g Fett
20 g Eiweiß

1 Spülen Sie den Grünkohl gründlich ab und entfernen Sie den Strunk. Legen Sie die Blätter in eine Schüssel und massieren Sie sie ein paar Minuten mit den Händen durch. So wird der Grünkohl weich und zart. Anschließend schneiden Sie ihn in grobe Stücke.

2 Schneiden Sie die Datteln in grobe Stücke und halbieren Sie die Weintrauben. Säubern Sie den Sellerie und schneiden Sie ihn in dünne Scheiben.

3 Erhitzen Sie eine Pfanne ohne Fettzugabe und rösten Sie die Walnüsse kurz an. Nach kurzem Abkühlen hacken Sie sie in grobe Stücke.

4 Vermischen Sie den Grünkohl mit den Weintrauben, den Datteln, dem Sellerie und den Walnüssen.

5 Füllen Sie das Öl in eine Schüssel und vermischen Sie es mit dem Essig und dem Honig. Schmecken Sie das Dressing nach Belieben mit dem Salz ab.

6 Richten Sie den Salat auf einer Platte an und geben Sie das Dressing darüber. Vermischen Sie beides miteinander. Schneiden Sie den Grillkäse in etwa einen Zentimeter dicke Scheiben und bestreichen Sie ihn mit etwas Öl.

7 Erhitzen Sie eine Grillpfanne und braten Sie den Käse von beiden Seiten. Verteilen Sie ihn auf dem Salat und träufeln Sie den Honig darüber.

DÄNISCHER GRAUPENNUDELSALAT

4 Port. | 150 Min. | Leicht

Zutaten

125 g Graupennudeln
250 g Erbsen
250 g Möhren
200 g Schinken, gekocht
150 g Mayonnaise
1 Zwiebel
1 Gewürzgurke
1 TL Essig
1 Prise Pfeffer
1 Prise Salz

Nährwerte p. P.

185 kcal
4 g Kohlenhydrate
19 g Fett
1 g Eiweiß

1 Kochen Sie die Graupennudeln nach Packungsanweisung gar. Blanchieren Sie die Erbsen. Schälen Sie die Möhren, schneiden Sie sie in Würfel und kochen Sie sie bissfest. Pellen Sie die Zwiebel und schneiden Sie sie in kleine Stücke. Schneiden Sie die Gurke und den Schinken in Würfel.

2 Füllen Sie die Mayonnaise in eine Schüssel und verrühren Sie sie mit dem Essig, dem Salz und dem Pfeffer.

3 Geben Sie die Nudeln, die Erbsen, die Möhren, die Zwiebel, die Gurke und den Schinken in eine Salatschüssel und vermischen Sie alle Zutaten miteinander.

4 Fügen Sie das angerührte Dressing bei und heben Sie es vorsichtig unter den Salat. Stellen Sie den Salat für etwa zwei Stunden in den Kühlschrank.

DÄNISCHER SCHINKEN-KÄSE-SALAT

6 Port. 30 Min. Leicht

Zutaten

100 g Gouda-Käse
100 g Schinken, gekocht
100 g Crème fraîche mit Kräutern
1 Eisbergsalat
1 Pck. Kresse
3 Eier
2 EL Essig
2 EL Wasser
5 EL Öl
1 TL Senf
Pfeffer nach Belieben
Salz nach Belieben

Nährwerte p. 100g

240 kcal
1 g Kohlenhydrate
18 g Fett
20 g Eiweiß

1 Säubern Sie den Eisbergsalat und schneiden Sie ihn in mundgerechte Stücke. Schneiden Sie den Schinken sowie den Käse in feine Streifen. Kochen Sie die Eier, bis sie hart sind. Anschließend entfernen Sie die Schale und schneiden die Eier in Scheiben.

2 Füllen Sie das Öl, den Essig, den Senf, die Crème fraîche und das Wasser in eine Schüssel und verrühren Sie die Zutaten zu einer Marinade.

3 Geben Sie den Eisbergsalat, den Schinken und den Käse in eine Salatschüssel und vermischen Sie alles miteinander.

4 Richten Sie den gemischten Salat auf einer Servierplatte an und verteilen Sie das Dressing darauf. Garnieren Sie den Salat mit den Eierscheiben und der Kresse.

DÄNISCHER ERBSEN-MAKKARONI-SALAT

4 Port. | 45 Min. | Leicht

Zutaten

200 g Erbsen, frisch
100 g Makkaroni
400 ml Salzwasser für die Erbsen
1 l Salzwasser für die Makkaroni
200 g Mayonnaise
1 Bund Petersilie
1 Bund Schnittlauch
1 Bund Kresse
1 Pck. Salatkräuter, gemischt

Nährwerte p. P.

373 kcal
29 g Kohlenhydrate
26 g Fett
7 g Eiweiß

1 Gießen Sie das Salzwasser für die Makkaroni in einen Topf und kochen Sie sie nach Packungsanweisung gar. Gießen Sie das Salzwasser für die Erbsen in einen Topf und kochen Sie sie, bis sie gar sind. Anschließend gießen Sie beides durch ein Sieb ab.

2 Schneiden Sie die Makkaroni in mundgerechte Stücke. Geben Sie sie in eine Schüssel und vermischen Sie sie mit den Erbsen.

3 Spülen Sie die Petersilie, den Schnittlauch und die Kresse ab und hacken Sie alles in feine Stücke.

4 Füllen Sie die Mayonnaise zum Salat und vermischen Sie alles miteinander. Nun vermengen Sie die gehackten Kräuter und die Salatkräuter darin. Stellen Sie den Salat für etwa 20 Minuten zum Ziehen in den Kühlschrank.

Suppen

SNYSK |

SUPPE „QUER DURCH DEN GARTEN"

4 Port. 90 Min. Einfach

Zutaten

250 g Katenschinken, gewürfelt
200 g Kartoffeln
200 g Erbsen
200 g dicke Bohnen
150 g Möhren
150 g Bohnen, grün
1 Kohlrabi
100 ml Sahne
400 ml Milch
1 Bund Petersilie
25 g Mehl
50 g Butter
1 Prise Zucker
Pfeffer nach Belieben
Salz nach Belieben

Nährwerte p. P.

488 kcal
32 g Kohlenhydrate
25 g Fett
30 g Eiweiß

1 Zunächst kochen Sie die Kartoffeln als Pellkartoffeln. Währenddessen schälen Sie den Kohlrabi sowie die Möhren und schneiden beides in kleine Stücke. Säubern Sie die grünen Bohnen und schneiden Sie sie jeweils in drei Stücke. Entfernen Sie die Erbsen und die dicken Bohnen aus den Schoten und spülen Sie sie ab. Spülen Sie die Petersilie ab und hacken Sie sie in feine Stücke.

2 Kochen Sie jede Gemüseart einzeln in Salzwasser, bis sie gar ist. Pellen Sie in der Zwischenzeit die Kartoffeln ab und schneiden Sie sie in Scheiben. Wenn das Gemüse gar ist, schöpfen Sie aus dem Kochwasser, vermischen es miteinander und stellen es zur weiteren Verwendung beiseite.

3 Vermischen Sie die Milch mit der Sahne. Erhitzen Sie die Butter in einem Topf und verrühren Sie das Mehl darin. Gießen Sie nach und nach unter ständigem Rühren das Milch-Sahne-Gemisch dazu. Nun rühren Sie die beiseite gestellte Gemüsebrühe in die Sauce, bis sie eine sämige Konsistenz bekommt.

4 Vermischen Sie das Gemüse und die Kartoffelscheiben in der entstandenen Suppe. Würzen Sie sie mit Pfeffer, Salz und Zucker und streuen Sie die Petersilie darüber. Den Schinken richten Sie in einer Servierschale an und stellen ihn zum Servieren zur freien Verfügung auf den Tisch.

Tipp: Diese Gemüsesuppe wird in Dänemark entweder lauwarm oder kalt gegessen. Als „Quer durch den Garten" wird sie bezeichnet, weil hier Gemüse nach Belieben zum Einsatz kommen kann. Solche Sorten, die gerade reif im Garten zur Verfügung stehen, werden dafür verwendet.

DÄNISCHE KARTOFFELSUPPE

6 Port. 70 Min. Einfach

Zutaten

1½ kg Kartoffeln
200 g Crème fraîche
250 ml Sahne
2 l Gemüsebrühe
2 Stangen Lauch
6 Möhren
2 Lorbeerblätter
1 EL Sonnenblumenöl
1 TL Majoran
1 TL Pfeffer, weiß
1 TL Salz

Nährwerte p. P.

506 kcal
53 g Kohlenhydrate
31 g Fett
8 g Eiweiß

1 Schälen Sie die Kartoffeln und die Möhren und schneiden Sie sie in kleine Würfel. Säubern Sie den Lauch und schneiden Sie ihn in dünne Ringe.

2 Erhitzen Sie das Öl in einem großen Topf und dünsten Sie darin die Kartoffeln, den Lauch und die Möhren an. Würzen Sie die Zutaten mit Majoran, Pfeffer sowie Salz und geben Sie die Lorbeerblätter dazu. Gießen Sie die Brühe hinein und köcheln Sie die Suppe bei niedriger Temperatur für etwa 30 Minuten.

3 Nach der Garzeit pürieren Sie alles zu einer feinen Masse. Rühren Sie die Sahne und die Crème fraîche hinein und schmecken Sie die Suppe nochmals mit Pfeffer und Salz ab.

DÄNISCHE BUTTERMILCHSUPPE

4 Port. | 30 Min. | Einfach

Zutaten

1 l Buttermilch
50 g Mandelblättchen oder Mandelstifte
50 g Zucker
½ Zitrone, die abgeriebene Schale davon
2 EL Mehl
2 EL Butter
1 Prise Salz

Nährwerte p. 100g

79 kcal
8 g Kohlenhydrate
3 g Fett
4 g Eiweiß

1 Geben Sie die Butter in einen Topf und zerlassen Sie sie bei mittlerer Temperatur. Rühren Sie das Mehl hinein und braten Sie beides hellgelb an.

2 Gießen Sie nach und nach unter ständigem Rühren die Buttermilch dazu. Kochen Sie alles einmal kurz auf und nehmen Sie dann den Topf von der Kochstelle.

3 Schmecken Sie die Suppe mit der geriebenen Zitronenschale, dem Zucker und dem Salz ab.

4 Zum Servieren können Sie Zwieback mit Schokoladenguss reichen.

DÄNISCHE FISCHSUPPE

4 Port. 80 Min. Einfach

Zutaten

300 g Fischabfälle
2 Makrelen à 300 g
1 l Hühnerbrühe
2 Bund Suppengrün
½ Bund Schnittlauch
½ Bund Petersilie
1 Petersilienwurzel
1 Zwiebel
1 Kartoffel
2 Stangen Porree
4 Möhren
2 Eigelb
1 Lorbeerblatt
4 Gewürznelken
2 EL Crème fraîche
½ TL Pfefferkörner
Pfeffer nach Belieben
Salz nach Belieben

Nährwerte p. P.

571 kcal
20 g Kohlenhydrate
28 g Fett
54 g Eiweiß

1 Spülen Sie die Makrelen und die Fischabfälle gründlich ab. Schneiden Sie das Suppengrün in kleine Stücke. Säubern Sie die Petersilienwurzel und schneiden Sie sie in kleine Stücke. Schälen Sie die Kartoffel und schneiden Sie sie in Würfel. Pellen Sie die Zwiebel und spicken Sie die Nelken und das Lorbeerblatt hinein.

2 Gießen Sie die Hühnerbrühe in einen Topf und geben Sie die Fischabfälle, das Suppengrün, die Petersilienwurzel, die Kartoffelwürfel, die gespickte Zwiebel und die Pfefferkörner hinein. Kochen Sie die Zutaten auf und geben Sie für eine halbe Minute die Makrelen hinein. Anschließend holen Sie sie mit Hilfe einer Schaumkelle heraus.

3 Entfernen Sie Haut und Gräten der Makrelen. Filetieren Sie sie und schneiden Sie die Köpfe und die Schwanzflossen ab. Zerkleinern Sie diese und geben Sie sie zusammen mit den Mittelgräten in den Topf. Legen Sie einen Deckel auf und köcheln Sie die Suppe bei niedriger Temperatur für etwa 40 Minuten.

4 Anschließend gießen Sie die Suppe durch ein feines Sieb und fangen die Flüssigkeit auf. Geben Sie sie wieder in den Topf und kochen Sie den Sud bei hoher Temperatur wieder auf. Lassen Sie ihn auf die Hälfte der vorherigen Menge reduzieren.

5 Währenddessen säubern Sie den Porree und schälen die Möhren. Schneiden Sie beides in Streifen. Spülen Sie die Petersilie und den Schnittlauch ab. Schneiden Sie den Schnittlauch in feine Röllchen und die Petersilie in feine Stücke. Vermischen Sie die Eigelbe mit der Crème fraîche.

6 Geben Sie die Fischfilets, die Möhren und den Lauch in den Fischsud und lassen Sie alles bei niedriger Temperatur für etwa zwölf Minuten ziehen. Nehmen Sie die Fischfilets anschließend heraus und zerteilen Sie sie mit einer Gabel.

7 Verrühren Sie die Crème-fraîche-Eigelb-Mischung in der Suppe und schmecken Sie sie mit Salz und Pfeffer ab. Geben Sie den zerkleinerten Fisch wieder hinein und füllen Sie die Suppe in eine Terrine.

8 Zum Servieren streuen Sie die Petersilie und den Schnittlauch darüber.

SÜẞKARTOFFELSUPPE

4 Port. | 80 Min. | Einfach

Zutaten

800 g Süßkartoffeln
1 Süßkartoffel
1½ Stangen Porree
300 g Putenspeck, alternativ Speck vom Schwein
1 l Brühe nach Wahl
200 ml Kokosmilch
1 Limette
3 TL Knoblauchsalz
2 EL Öl
Schnittlauch nach Belieben

Nährwerte p. P.

662 kcal
57 g Kohlenhydrate
37 g Fett
20 g Eiweiß

1 Schälen Sie alle Süßkartoffeln und legen Sie eine zur weiteren Verwendung beiseite. Die übrigen schneiden Sie in kleine Würfel. Säubern Sie den Porree und schneiden Sie ihn in Scheiben. Pressen Sie den Saft aus der Limette. Schneiden Sie den Schnittlauch in kleine Röllchen.

2 Erhitzen Sie einen Esslöffel Öl in einem Topf und braten Sie die Kartoffelwürfel und den Porree an. Gießen Sie die Brühe auf und würzen Sie alles mit dem Knoblauchsalz. Kochen Sie die Zutaten bei mittlerer Temperatur, bis die Kartoffeln und der Porree gar sind.

3 Nach der Garzeit nehmen Sie den Topf von der Kochstelle und pürieren alles mit einem Pürierstab zu einer glatten Masse. Verrühren Sie die Kokosmilch in der Suppe und kochen Sie alles noch einmal auf. Schmecken Sie sie mit dem Limettensaft ab.

4 Schneiden Sie den Speck und die übrige Süßkartoffel in Würfel. Erhitzen Sie das übrige Öl in einer Pfanne und braten Sie beides nacheinander an.

5 Richten Sie die Suppe in Tellern an und geben Sie nach Belieben den gebratenen Speck und die Kartoffelwürfel hinein. Garnieren Sie die Suppe mit dem Schnittlauch.

DÄNISCHE GRÜNKOHLSUPPE

4 Port. | 60 Min. | Einfach

Zutaten

300 g Grünkohl
100 g Speck, durchwachsen
1 Stange Porree
2 EL Gerste
1 l Rinderbrühe
Selleriegrün nach Belieben
Zucker nach Belieben
1 Prise Muskatnuss
1 Prise Nelken, gemahlen

Nährwerte p. P.

163 kcal
9 g Kohlenhydrate
8 g Fett
10 g Eiweiß

1 Säubern Sie den Grünkohl und schneiden Sie ihn in kleine Stücke. Säubern Sie den Porree und schneiden Sie ihn in dünne Scheiben. Hacken Sie das Selleriegrün in kleine Stücke.

2 Gießen Sie die Brühe in einen Topf und geben Sie den Grünkohl, den Porree und das Selleriegrün hinein. Kochen Sie die Suppe einmal auf und köcheln Sie sie dann bei niedriger Temperatur für etwa 15 Minuten.

3 Geben Sie unter Rühren die Gerste in die Suppe und köcheln Sie sie für weitere zehn Minuten. Schmecken Sie die Suppe mit dem Zucker, der Muskatnuss und den Nelken ab.

4 Schneiden Sie den Speck in Streifen und braten Sie ihn gegebenenfalls an. Sie können ihn aber auch ungebraten in die Suppe geben.

HONNINGBRØD |

DÄNISCHES HONIGBROT

1 Brot | 90 Min. | Einfach

Zutaten

350 g Mehl
175 g Honig, flüssig
160 g Zucker, braun
75 g Orangenschale, kandiert
35 g Butter
100 ml Wasser
50 ml Buttermilch
2 Eier
1 TL Natron
1 TL Kardamom, gemahlen
2 TL Zimt
½ TL Ingwer, gemahlen
½ TL Nelken, gemahlen
½ TL Salz
1 TL Butter zum Einfetten

Nährwerte p. 100g

307 kcal
59 g Kohlenhydrate
5 g Fett
5 g Eiweiß

1 Füllen Sie das Wasser in einen Topf und geben Sie den Zucker, den Honig und die Butter dazu. Erhitzen Sie die Zutaten bei niedriger Temperatur und vermischen Sie sie miteinander. Köcheln Sie die Flüssigkeit, bis sich der Zucker vollständig aufgelöst hat. Stellen Sie den Topf zum Abkühlen beiseite.

2 Heizen Sie den Backofen auf 170 °C Ober- und Unterhitze vor und fetten Sie eine Kastenform mit der Butter ein.

3 Geben Sie das Mehl in eine Rührschüssel und vermischen Sie es mit dem Natron und dem Salz. Vermischen Sie den Kardamom, den Zimt, den Ingwer und die Nelken darin. Rühren Sie die Eier in die abgekühlte Honigmasse und geben Sie sie in die Rührschüssel. Verrühren Sie alle Zutaten zu einem glatten Teig.

4 Hacken Sie die kandierte Orangenschale in kleine Stücke und mischen Sie sie zusammen mit der Buttermilch in den Teig. Füllen Sie den Teig in die Kastenform und backen Sie ihn für etwa eine Stunde.

5 Stellen Sie das Brot zum Abkühlen beiseite. Anschließend können Sie es in Scheiben schneiden und mit gesalzener Butter oder Orangenmarmelade servieren.

FRANSKBRØD |

DÄNISCHES MOHNBROT

1 Brot 150 Min. Einfach

Zutaten

500 g Dinkelmehl, Type 630
330 ml Milch
30 g Butter
5 g Honig
1 Pck. Trockenhefe
1 TL Salz
2 EL Milch zum Bestreichen
Mohn, weiß zum Bestreuen

Nährwerte p. 100g

249 kcal
41 g Kohlenhydrate
6 g Fett
8 g Eiweiß

1 Geben Sie eine kleine Menge der Milch mit einer kleinen Menge des Mehls in eine Rührschüssel und vermischen Sie darin die Trockenhefe. Stellen Sie die Schüssel für zehn Minuten beiseite.

2 Anschließend mischen Sie die übrige Mehlmenge mit dem Salz in den Vorteig. Fügen Sie die übrige Milch, die Butter und den Honig bei und verkneten Sie alle Zutaten zu einem glatten Teig. Decken Sie die Schüssel ab und stellen Sie sie für 45 Minuten an einen warmen Ort.

3 Fetten Sie eine Kastenform oder legen Sie sie mit Backpapier aus. Formen Sie den Teig zu einem Laib und legen Sie ihn hinein. Decken Sie die Form ab und stellen Sie sie abermals für etwa 60 Minuten beiseite.

4 Heizen Sie den Backofen auf 200 °C Umluft vor. Bestreichen Sie die Oberfläche des Teiges mit den zwei Esslöffeln Milch und streuen Sie den Mohn darüber.

5 Backen Sie das Brot für etwa 35 Minuten und stellen Sie es anschließend zum Abkühlen auf ein Rost.

KARDEMOMMEBOLLER |

MILCHBRÖTCHEN

12 Port. 150 Min. Mittel

Zutaten

500 g Mehl
250 ml Milch
30 g Hefe
80 g Zucker
80 g Butter, weich
2 TL Kardamom
1 TL Salz
1 TL Vanillezucker
1 Ei
1 Ei zum Bestreichen

Nährwerte p. P.

250 kcal
38 g Kohlenhydrate
8 g Fett
6 g Eiweiß

1 Füllen Sie die Milch in einen Topf und erwärmen Sie sie bei mäßiger Temperatur. Verrühren Sie den Zucker und die Hefe sowie einige Esslöffel Mehl darin. Die Hefe und der Zucker sollen sich auflösen. Stellen Sie anschließend den Topf beiseite.

2 Geben Sie das übrige Mehl in eine Schüssel und vermischen Sie den Vanillezucker, das Salz und den Kardamom darin. Fügen Sie nun die Milchmischung, das Ei sowie die Butter dazu und verkneten Sie alles mit einem Handrührgerät.

3 Decken Sie den Teig ab und stellen Sie ihn an einen warmen Ort. Insgesamt benötigt er etwa 50 Minuten zum Aufgehen. Nach 30 Minuten ziehen Sie den Teig mit feuchten Händen mehrmals auseinander und falten ihn wieder zusammen. Nach Ende der gesamten Gehzeit wiederholen Sie die Prozedur.

4 Fetten Sie eine rechteckige Backform ein und bereiten Sie eine Arbeitsfläche mit Mehl vor. Legen Sie den Teig auf die Arbeitsfläche und zerteilen Sie ihn in zwölf Stücke. Formen Sie daraus runde Teiglinge und verteilen Sie sie in der Backform. Sie werden dicht an dicht hineingelegt. Decken Sie sie ab und stellen Sie die Form für 20 Minuten beiseite.

5 In der Zwischenzeit heizen Sie den Backofen auf 180 °C Ober- und Unterhitze vor. Verquirlen Sie das Ei und streichen Sie die Teigstücke damit ein.

6 Backen Sie die Brötchen für etwa 25 Minuten und stellen Sie sie anschließend zum Abkühlen beiseite.

SKAGENSLAPPER |

DÄNISCHE BRÖTCHEN

10 Port. | 150 Min. + 1 Nacht Kühlzeit | Mittel

Zutaten

400 g Mehl, Type 550
150 g Mehl, Type 1050
400 ml Wasser
10 g Hefe
1 Ei
1 TL Zucker
2 TL Salz
1 EL Essig
Blauer Mohn nach Belieben
Sesam nach Belieben
Sonnenblumenkerne nach Belieben

Nährwerte p. P.

213 kcal
39 g Kohlenhydrate
3 g Fett
7 g Eiweiß

1 Gießen Sie zunächst das Wasser in eine Schüssel und verrühren Sie die Hefe und den Zucker darin, bis sich beides aufgelöst hat. Anschließend geben Sie vier Esslöffel vom Mehl Type 550 dazu und vermischen es gründlich im Hefewasser. Stellen Sie die Schüssel mit diesem Vorteig für zehn Minuten beiseite.

2 In der Zwischenzeit vermischen Sie das übrige Mehl Type 550 mit dem Mehl Type 1050 und dem Salz. Dann geben Sie die Mischung sowie den Essig in den Vorteig und verkneten alles zu einem geschmeidigen Teig. Ölen Sie eine Schüssel, die Sie luftdicht verschließen können, ein und legen Sie den Teig hinein. Stellen Sie die Schüssel unverschlossen für zehn Minuten an einen warmen Ort. Dann verschließen Sie die Schüssel und stellen sie für eine Nacht in den Kühlschrank. Am Zubereitungstag bereiten Sie eine Arbeitsfläche mit Mehl vor. Ziehen und falten Sie den Teig mehrmals auseinander und wieder zusammen. Belassen Sie ihn für eine Stunde auf der Arbeitsfläche, damit er Zimmertemperatur annehmen kann.

3 Teilen Sie den Teig in zehn Teiglinge und formen Sie daraus Kugeln. Drücken Sie jeweils eine Seite in die Sonnenblumenkerne und verteilen Sie die Teiglinge mit den Körnern nach unten auf einem mit Backpapier ausgelegtem Blech. Verquirlen Sie das Ei und mischen Sie den Sesam und den Mohn zusammen. Bestreichen Sie die Teiglinge mit dem Ei und verteilen Sie nach Belieben die Mohn-Sesam-Mischung darauf.

4 Stellen Sie eine ofenfeste Schüssel mit Wasser auf den Boden des Backofens und heizen Sie ihn auf 230 °C Ober- und Unterhitze vor. Backen Sie die Brötchen für etwa 18 Minuten, bis sie eine goldbraune Farbe angenommen haben. Nach etwa zehn Minuten Backzeit öffnen Sie kurz die Tür, um den Dampf abzulassen.

SPELT BRØD |

KNUSPRIGES BROT

2 Brote | 2 Tage | Mittel

Zutaten

Vorteig:
340 g Dinkelvollkornmehl
330 ml Wasser, lauwarm
5 g Hefe, frisch
1 TL Salz

Hauptteig:
640 g Dinkelvollkornmehl
320 ml Wasser
100 g Zuckerrübensirup, dunkel
15 g Hefe, frisch
5 TL Salz

Nährwerte p. 100g

330 kcal
62 g Kohlenhydrate
2 g Fett
11 g Eiweiß

1 Bereiten Sie zunächst den Vorteig vor. Füllen Sie das lauwarme Wasser in eine Schüssel und geben Sie die Hefe in kleinen Stücken sowie das Salz dazu. Verrühren Sie die Zutaten, bis sich die Hefe aufgelöst hat. Sieben Sie nun das Mehl hinein und verkneten Sie alles zu einem Teig. Decken Sie die Schüssel ab und stellen Sie sie über Nacht an einen warmen Ort.

2 Am nächsten Tag stellen Sie den Hauptteig her. Füllen Sie das Wasser in eine Schüssel und vermischen Sie die Hefe, das Salz und den Zuckerrübensirup darin. Nun geben Sie den Vorteig dazu und verrühren alles miteinander.

3 Anschließend geben Sie das Mehl dazu und verkneten alles zu einem glatten Teig. Decken Sie die Schüssel ab und stellen Sie sie für vier Stunden an einen warmen Ort. Heizen Sie den Backofen auf 230 °C Umluft vor. Belassen Sie das vorgesehene Backblech im Ofen, damit es aufheizen kann. Bereiten Sie eine Arbeitsfläche mit Mehl vor und formen Sie aus dem Teig zwei Laibe. Bestäuben Sie sie mit etwas Mehl.

4 Belegen Sie nun das Blech mit Backpapier und legen Sie die Brotlaibe darauf. Stellen Sie eine kleine, ofenfeste Form mit Wasser auf den Boden des Backofens und schieben Sie das Blech mit den Broten auf die mittlere Schiene. Der sich entwickelnde Wasserdampf macht die Brote saftig. Backen Sie die Brote für etwa 35 Minuten. Anschließend stellen Sie es zum Abkühlen beiseite.

GULLERØDSBOLLER |
BRÖTCHEN MIT MÖHREN

4 Port. | 12 Min. | Einfach

Zutaten

450 g Mehl
200 g Möhren, geraspelt
250 ml Wasser, lauwarm
25 g Hefe, frisch
2 Eier
1 Ei zum Bestreichen
2 EL Öl
1 TL Salz
Sonnenblumenkerne nach Belieben

Nährwerte p. 100g

188 kcal
37 g Kohlenhydrate
1 g Fett
6 g Eiweiß

1 Gießen Sie das Wasser in eine Schüssel und lösen Sie die Hefe darin unter Rühren auf. Fügen Sie dann alle anderen Zutaten bei und verkneten Sie sie zu einem glatten Teig. Stellen Sie die Schüssel für eine Stunde an einen warmen Ort.

2 Bestäuben Sie eine Arbeitsfläche mit Mehl und kneten Sie den Teig so lange, bis er nicht mehr klebt. Fügen Sie gegebenenfalls etwas Mehl hinzu.

3 Belegen Sie ein Blech mit Backpapier und heizen Sie den Backofen auf 200 °C Umluft vor.

4 Formen Sie aus dem Teig mehrere kleine Kugeln und legen Sie sie dicht an dicht in Form einer Blume auf das Backblech. Verquirlen Sie das Ei und pinseln Sie es auf die Oberfläche der Brötchenblume. Anschließend streuen Sie die Sonnenblumenkerne darauf.

5 Backen Sie die Brötchen für etwa 35 Minuten, bis sie eine goldgelbe Farbe angenommen haben.

DÄNISCHES FRÜHSTÜCKSBROT

4 Port. | 60 Min. | Einfach

Zutaten

500 g Mehl, Type 550
150 ml Milch
150 ml Wasser
42 g Hefe, frisch
20 g Butter
1 Ei
1 TL Zucker
1 TL Salz

Nährwerte p. 100g

242 kcal
44 g Kohlenhydrate
3 g Fett
8 g Eiweiß

1 Gießen Sie die Milch und das Wasser in einen Topf und erwärmen Sie beides bei mäßiger Temperatur. Verrühren Sie die Hefe darin, bis sie sich aufgelöst hat. Anschließend geben Sie die Butter dazu und rühren Sie unter, bis sie geschmolzen ist.

2 Sieben Sie das Mehl in eine Schüssel und vermischen Sie es mit dem Zucker und dem Salz. Nun gießen Sie die Hefe-Milch dazu und verkneten sie mit dem Mehl.

3 Bestäuben Sie eine Arbeitsfläche mit Mehl und kneten Sie den Teig noch einmal gründlich durch. Formen Sie einen Laib daraus und legen Sie ihn auf ein mit Backpapier ausgelegtes Blech.

4 Verquirlen Sie das Ei und bestreichen Sie den Brotlaib damit.

5 Stellen Sie den Backofen auf 200 °C Umluft ein und schieben Sie das Blech auf die mittlere Schiene. Der Backofen wird nicht vorgeheizt. Backen Sie das Brot für etwa 30 Minuten, bis es eine goldbraune Farbe angenommen hat.

Hauptgerichte mit Fleisch & Geflügel

STEGT FLÆSK MED PERSILLESAUCE |

SCHWEINEBAUCH MIT PETERSILIENSAUCE

4 Port. | 60 Min. | Einfach

Zutaten

600 g Schweinebauch in Scheiben
500 ml Milch
3 Bund Petersilie
1 kg Kartoffeln
2½ EL Maisstärke
Margarine zum Braten
½ TL Zucker
¼ TL Pfeffer
1 TL Salz
½ TL Salz

Nährwerte p. P.

682 kcal
55 g Kohlenhydrate
39 g Fett
24 g Eiweiß

1 Verteilen Sie das Bauchfleisch auf dem Rost Ihres Backofens. Schieben Sie eine Fettpfanne in den Backofen und schieben Sie den Rost mit dem Fleisch darüber.

2 Stellen Sie die Temperatur auf 225 °C Umluft ein. Der Backofen wird nicht vorgeheizt. Garen Sie das Bauchfleisch für etwa 30 Minuten und wenden Sie es nach der Hälfte der Garzeit.

3 Währenddessen schälen Sie die Kartoffeln und kochen sie in Salzwasser, bis sie gar sind. Spülen Sie die Petersilie ab und hacken Sie sie in feine Stücke.

4 Füllen Sie die Milch in einen Topf und vermischen Sie die Maisstärke darin. Unter Rühren mit einem Schneebesen kochen Sie die Milch kurz auf und geben dann die Petersilie und den Zucker dazu. Köcheln Sie die Sauce bei niedriger Temperatur für etwa fünf Minuten. Zum Schluss würzen Sie die Petersiliensauce mit Pfeffer und einem Teelöffel Salz.

5 Nehmen Sie das Bauchfleisch aus dem Ofen und entfetten Sie es auf Küchenpapier. Würzen Sie es mit dem halben Teelöffel Salz und richten Sie es mit den Kartoffeln und der Sauce auf Tellern an.

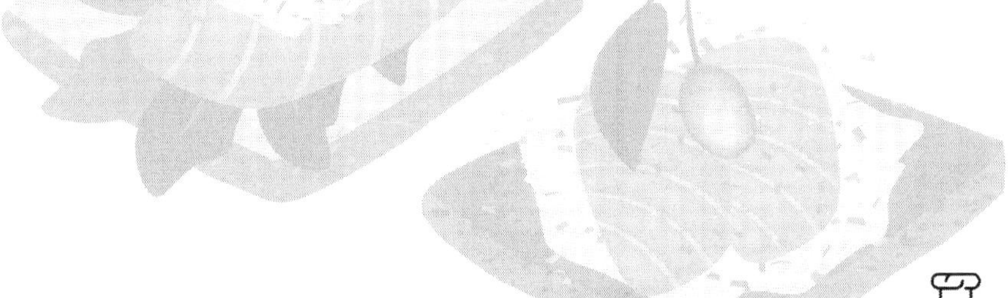

SPRÆNGT FLÆSK |
DÄNISCHER SCHWEINEBRATEN

4 Port. | 120 Min. + 3 Tage Ziehzeit | Mittel

Zutaten

1 kg Schweinekamm
Lorbeerblätter nach Belieben
Pfeffer nach Belieben
Salz, grob nach Belieben

Sud:
5 l Wasser
1 kg Salz
250 g Rohrzucker
6 Lorbeerblätter
1 EL Pfefferkörner
5 Zweige Thymian

Nährwerte p. 100g

109 kcal
1 g Kohlenhydrate
2 g Fett
2 g Eiweiß

1 Gießen Sie das Wasser in einen entsprechend großen Topf und vermischen Sie den Zucker, das Salz, die Lorbeerblätter, die Pfefferkörner und den Thymian darin. Kochen Sie die Flüssigkeit einmal auf und stellen Sie den Topf zum Abkühlen beiseite.

2 Geben Sie den Sud in eine große Glas- oder Kunststoffschüssel und legen Sie das Fleisch hinein. Es muss von der Flüssigkeit vollständig bedeckt sein. Beschweren Sie es gegebenenfalls mit einem Teller. Stellen Sie die Schüssel für mindestens zwei Tage in den Kühlschrank.

3 Nach dieser Zeit legen Sie das Fleisch in eine andere Schüssel und gießen so viel Wasser auf, bis es bedeckt ist. Stellen Sie die Schüssel für eine Stunde beiseite. Zwischendurch wechseln Sie mehrmals das Wasser. Nun geben Sie das Fleisch in einen Gefrierbeutel und legen es abermals für einen Tag in den Kühlschrank.

4 Am Zubereitungstag schneiden Sie die Schwarte mit parallelen Schnitten ein. Würzen Sie das Fleisch mit Salz, insbesondere in den Schnitten. Hier hinein legen Sie die Lorbeerblätter und den Pfeffer.

5 Heizen Sie den Backofen auf 200 °C Umluft vor. Schieben Sie unten eine Fettpfanne mit Wasser hinein. Legen Sie das Fleisch auf den Rost des Backofens und schieben Sie es auf die mittlere Schiene. Garen Sie den Braten für etwa 95 Minuten. Ist die Schwarte während dieser Zeit nicht genügend knusprig geworden, erhöhen Sie kurz vor Ende der Garzeit die Temperatur aus 275 °C.

Tipp: Als Beilage können Sie karamellisierte Kartoffeln und Gemüse reichen.

SKIDNE ÆG |

EIER IN SENFSAUCE

4 Port. 30 Min. Einfach

Zutaten

2 Scheiben Speck
8 Eier
1 Handvoll Schnittlauch, gehackt
600 ml Milch
1 EL Mehl
1 EL Butter
3 EL Senf
Zucker nach Belieben
Salz nach Belieben
Pfeffer nach Belieben

Nährwerte p. P.

358 kcal
13 g Kohlenhydrate
26 g Fett
19 g Eiweiß

1 Kochen Sie die Eier nach Ihren Wünschen weich oder hart. Schrecken Sie sie danach ab und entfernen Sie die Schale.

2 Schneiden Sie den Speck in kleine Würfel und braten Sie ihn ohne Fettzugabe knusprig an.

3 Erhitzen Sie die Butter bei mittlerer Temperatur in einem Topf und verrühren Sie das Mehl darin. Geben Sie nach und nach unter Rühren die Milch dazu, bis Sie eine sämige Konsistenz erhalten. Kochen Sie die Sauce kurz auf und verrühren Sie den Senf darin. Würzen Sie die Senfsauce nach Belieben mit dem Zucker, dem Pfeffer und dem Salz. Anschließend legen Sie die Eier in die Sauce, damit sie wieder erwärmt werden.

4 Richten Sie den gebratenen Speck und den Schnittlauch in separaten Schüsseln an. Die Senfsauce mit den Eiern füllen Sie in eine Servierschüssel.

Tipp: In Dänemark wird zu den Senfeiern Roggenbrot serviert. Sie können aber auch Kartoffeln dazu reichen.

BIKSEMAD MED SPEJLÆG |

DÄNISCHE SEEFAHRERSPEISE

2 Port. 60 Min. Einfach

Zutaten

250 g Fleischreste (Rind, Schwein, gekocht oder gebraten)
500 g Kartoffeln, gekocht
2 Zwiebeln
Rote Bete nach Wunsch
2 Eier
Butter zum Braten
Engelsk Sauce (Dänische Englische Sauce), alternativ Worcestersauce
Pfeffer nach Belieben
Salz nach Belieben

Nährwerte p. P.

598 kcal
50 g Kohlenhydrate
26 g Fett
36 g Eiweiß

1 Pellen Sie die Zwiebel und schneiden Sie sie in kleine Stücke. Schneiden Sie die Kartoffeln und das Fleisch in mundgerechte Stücke.

2 Erhitzen Sie die Butter in einer Pfanne und braten Sie die Zwiebeln darin an. Geben Sie die Kartoffelwürfel dazu und braten Sie alles gut an. Wenn die Kartoffeln etwas braun geworden sind, geben Sie das Fleisch dazu. Braten Sie alle Zutaten für ein paar Minuten und würzen Sie die Speise nach Belieben mit Salz und Pfeffer.

3 Erhitzen Sie etwas Butter in einer weiteren Pfanne und schlagen Sie die Eier hinein.

4 Zum Servieren richten Sie die Kartoffel-Fleisch-Mischung auf Tellern an und legen jeweils ein Spiegelei darauf. Geben Sie nach Wunsch etwas Rote Bete auf den Teller und garnieren Sie die Speise mit der Sauce.

MILLIONBØF |

DÄNISCHE BOLOGNESE

4 Port. | 60 Min. | Einfach

Zutaten

500 g Hackfleisch vom Rind
500 ml Gemüsebrühe
2 Zwiebeln, rot
2 Lorbeerblätter
1 EL Engelsk Sauce (Dänische Englische Sauce)
1 EL Balsamico Essig
1 EL Wasser
2 TL Speisestärke
Öl zum Braten
Pfeffer nach Belieben
Salz nach Belieben

Nährwerte p. P.

217 kcal
6 g Kohlenhydrate
9 g Fett
27 g Eiweiß

1 Erhitzen Sie das Öl in einer Pfanne und braten Sie das Hackfleisch darin krümelig an. Pellen Sie die Zwiebeln, schneiden Sie sie in kleine Würfel und geben Sie sie zum Hackfleisch in die Pfanne.

2 Gießen Sie die Brühe auf und verrühren Sie den Essig mit den Zutaten. Geben Sie die Lorbeerblätter in die Pfanne und würzen Sie nach Belieben mit Pfeffer und Salz sowie der Engelsk Sauce. Legen Sie einen Deckel auf die Pfanne und köcheln Sie die Speise bei niedriger Temperatur für etwa 30 Minuten.

3 Verrühren Sie die Speisestärke mit dem Wasser und sämen Sie die Sauce damit an. Schmecken Sie die Speise noch mal mit Salz und Pfeffer ab.

Tipp: In Dänemark wird das Millionbøf mit Kartoffelbrei serviert.

FRIKADELLER |

DÄNISCHE FRIKADELLEN

12 Stk. 45 Min. Einfach

Zutaten

250 g Hackfleisch vom Schwein
250 g Hackfleisch vom Kalb
200 ml Milch
1 Zwiebel
1 Ei
3 EL Mehl
2 TL Salz
Pfeffer nach Belieben
Butter und Öl zum Braten

Nährwerte p. P.

119 kcal
3 g Kohlenhydrate
8 g Fett
8 g Eiweiß

1 Pellen Sie die Zwiebel und hacken Sie sie in feine Stücke. Geben Sie das gesamte Hackfleisch in eine Schüssel und verkneten Sie gründlich das Salz darin. Anschließend verkneten Sie das Ei und die Zwiebeln im Hackfleisch. Zum Schluss fügen Sie das Mehl und den Pfeffer bei und verkneten wieder alles gründlich miteinander.

2 Nun füllen Sie nach und nach die Milch dazu. Verkneten Sie die Masse dabei immer wieder für ein paar Minuten. Möglicherweise benötigen Sie nicht die komplette Milch, dies ist vom Fettgehalt des Hackfleisches abhängig. Der Teig soll weich, aber nicht flüssig werden.

3 Stellen Sie das Hackfleisch für 30 Minuten in den Kühlschrank. Nun formen Sie zwölf Frikadellen daraus.

4 Erhitzen Sie mit hoher Temperatur die Butter und das Öl in einer Pfanne. Reduzieren Sie die Temperatur auf die mittlere Stufe und braten Sie die Frikadellen von beiden Seiten, bis sie durchgegart sind.

Tipp: In Dänemark wird das Millionbøf mit Kartoffelbrei serviert.

HACKBÄLLCHEN IN CURRYSOßE

4 Port. 45 Min. Einfach

Zutaten

400 g Hackfleisch, gemischt
1 Ei
1 Zwiebel
1 EL Paniermehl
½ TL Senf
1 TL Currypulver
Salz nach Belieben
Pfeffer nach Belieben
250 ml Gemüsebrühe
150 ml Sahne
1 Apfel
1 TL Paprikapulver
½ TL Senf
1 TL Thymian
2 EL Currypulver
Pfeffer nach Belieben
Salz nach Belieben
Mehl zum Andicken
Öl zum Braten

1 Pellen Sie die Zwiebel und schneiden Sie sie in kleine Stücke. Erhitzen Sie etwas Öl in einer Pfanne und braten Sie die Zwiebeln glasig an.

2 Geben Sie das Hackfleisch in eine Schüssel und vermischen Sie es mit den angebratenen Zwiebeln, dem Ei, dem Paniermehl, dem Senf, dem Currypulver sowie dem Pfeffer und dem Salz. Kneten Sie einen geschmeidigen Teig und formen Sie anschließend kleine Hackbällchen.

3 Schälen Sie den Apfel und schneiden Sie ihn in kleine Stücke. Erhitzen Sie wieder etwas Öl in einer Pfanne und braten Sie die Hackbällchen und die Apfelstücke darin an. Löschen Sie mit der Sahne und der Brühe ab und fügen Sie die übrigen Zutaten bei. Vermischen Sie alles miteinander und köcheln Sie die Speise für etwa zehn Minuten.

4 Verrühren Sie das Mehl zum Andicken in einer kleinen Menge Wasser und sämen Sie die Sauce damit an.

Nährwerte p. P.

398 kcal
16 g Kohlenhydrate
28 g Fett
20 g Eiweiß

Hauptspeisen mit Fisch & Meeresfrüchten

LACHSTORTE

2 Port. | 60 Min. | Einfach

Zutaten

2 Lachsfilet, ohne Haut à 150 g
½ Pck. Blätterteig, frisch aus der Kühlung
100 g Frischkäse
1 Eigelb zum Bestreichen
½ Zitrone
1 TL Kräuter, gemischt TK
1 TL Meerrettich
1 Prise Muskatnuss
Pfeffer, weiß nach Belieben
Salz nach Belieben

Nährwerte p. P.

347 kcal
3 g Kohlenhydrate
21 g Fett
43 g Eiweiß

1 Würzen Sie den Lachs von beiden Seiten mit Pfeffer und Salz und streuen Sie anschließend die Kräuter darüber.

2 Pressen Sie die halbe Zitrone aus und geben Sie den Saft in eine Rührschüssel. Vermischen Sie ihn mit dem Meerrettich, dem Frischkäse, der Muskatnuss sowie Pfeffer und Salz nach Belieben.

3 Heizen Sie den Backofen auf 200 °C Ober- und Unterhitze vor und belegen Sie ein Blech mit Backpapier. Schneiden Sie den Blätterteig in zwei gleich große Rechtecke und legen Sie sie auf das Blech. Die Teigstücke sollten doppelt so groß wie das Fischfilet sein.

4 Verteilen Sie auf einer Hälfte der Teigscheiben die Frischkäsefüllung und legen Sie ein Lachsfilet darauf. Klappen Sie die frei gebliebene Teighälfte darüber und drücken Sie die Ränder leicht an. Verquirlen Sie das Eigelb und bestreichen Sie den Blätterteig damit. Nun schneiden Sie die Oberflächen der Teigstücke mit einem scharfen Messer gitterartig ein.

5 Schieben Sie das Blech auf die mittlere Schiene des Backofens und garen Sie die Blätterteigstücke für etwa 25 Minuten.

FISCHEINTOPF

4 Port. | 60 Min. | Einfach

Zutaten

250 g Rotbarschfilet
250 g Lachsfilet
125 g Champignons
125 g Crème fraîche
600 ml Gemüsebrühe
2 Zwiebeln
2 Knoblauchzehen
1 Fleischtomate
1 Paprikaschote, gelb
2 EL Olivenöl
2 EL Zitronensaft
Petersilie nach Belieben
Pfeffer nach Belieben
Salz nach Belieben

Nährwerte p. P.

437 kcal
10 g Kohlenhydrate
30 g Fett
30 g Eiweiß

1 Säubern Sie die Paprika und schneiden Sie sie in kleine Würfel. Häuten Sie die Tomate, entfernen Sie die Kerne und schneiden Sie sie in Stücke. Pellen Sie die Zwiebel und den Knoblauch und schneiden Sie beides in feine Stücke. Putzen Sie die Champignons und halbieren Sie sie. Schneiden Sie den Fisch in mundgerechte Stücke. Spülen Sie die Petersilie ab und hacken Sie sie in feine Stücke.

2 Erhitzen Sie das Olivenöl in einem Topf und dünsten Sie die Zwiebeln, den Knoblauch, die halbe Menge der Paprikawürfel und die Champignons darin an. Gießen Sie die Gemüsebrühe auf und verrühren Sie die Crème fraîche mit den Zutaten.

3 Kochen Sie alles kurz auf und reduzieren Sie die Temperatur auf die niedrigste Stufe. Mischen Sie die Fischstücke hinein und köcheln Sie alles für etwa fünf Minuten.

4 Würzen Sie die Speise nach Belieben mit Pfeffer und Salz und schmecken Sie sie mit dem Zitronensaft ab. Vermischen Sie die übrigen Paprikawürfel und die Tomatenstücke und wärmen Sie sie kurz mit auf.

5 Zum Servieren streuen Sie die Petersilie auf den Eintopf.

GRAVED LACHS

5 Port. | 30 Min. + 4 Tage Ruhzeit | Einfach

Zutaten

500 g Lachsfilet (Lachsseite mit Haut ohne Gräten)
100 g Zucker
150 g Salz
60 g Zucker
60 g Senf
50 g Pfeffer, schwarz
10 g Senfpulver
1 Bund Dill
1 EL Weißweinessig

Nährwerte p. P.

525 kcal
33 g Kohlenhydrate
23 g Fett
46 g Eiweiß

1 Vermischen Sie 100 g Zucker mit dem Salz und dem Pfeffer. Zerkleinern Sie den Dill und stellen Sie ihn zur weiteren Verwendung beiseite. Schneiden Sie ein Stück Alufolie zu. Sie sollte so groß sein, dass der Fisch darin eingewickelt werden kann.

2 Legen Sie das Lachsfilet auf die Alufolie und verteilen Sie die Gewürzmischung darüber. Streuen Sie die halbe Menge des Dills darüber.

3 Rollen Sie die Lachsseite ein und wickeln Sie die Alufolie fest um den Fisch. Verschließen Sie die Enden und stellen Sie die Rolle aufrecht in eine Schüssel.

4 Nun stellen Sie die Schüssel für vier Tage in den Kühlschrank. Alle zwölf Stunden drehen Sie die Rolle um, damit sich die Flüssigkeit gut verteilen kann. Diese verwenden Sie später für die Sauce.

5 Nach der Ruhezeit spülen Sie den Fisch ab und tupfen ihn trocken. Streuen Sie von dem übrigen Dill eine kleine Menge über den Fisch.

6 Geben Sie den Senf, den Essig, 60 g Zucker, das Senfpulver, den Rest des Dills sowie drei Esslöffel von der Beizflüssigkeit in eine Schüssel und vermischen Sie alles miteinander.

7 Zum Servieren schneiden Sie den Lachs in dünne Scheiben und stellen die Senfsauce separat dazu.

DÄNISCHE KÜMMELHERINGE

8 Port. | 60 Min. + 2 Tage Ruhzeit | Einfach

Zutaten

10 Salzheringe
15 Pfefferkörner
5 Nelken
3 Lorbeerblätter
2 Zwiebeln
2 TL Kümmel
600 ml Wasser
200 ml Kräuteressig mit 10 % Säure
50 g Zucker

Nährwerte p. P.

416 kcal
26 g Kohlenhydrate
21 g Fett
29 g Eiweiß

1 Zunächst wässern Sie die Salzheringe gründlich und entfernen dann die Haut sowie die Gräten. Schneiden Sie die Filets in mundgerechte Stücke.

2 Pellen Sie die Zwiebeln und schneiden Sie sie in Ringe. Schichten Sie die Fischstücke und die Zwiebelringe in eine Schüssel. Verteilen Sie dazwischen die Lorbeerblätter, die Pfefferkörner und die Nelken.

3 Gießen Sie das Wasser in einen Topf und verrühren Sie den Essig darin. Geben Sie den Zucker und den Kümmel dazu und kochen Sie die Flüssigkeit kurz auf. Stellen Sie den Topf zum Abkühlen beiseite.

4 Anschließend füllen Sie die Flüssigkeit in die Schüssel mit dem Fisch. Stellen Sie sie zum Ziehen für mindestens zwei Tage in den Kühlschrank.

FISKEFRIKADELLER |

FISCHFRIKADELLEN

4 Port. 90 Min. Einfach

Zutaten

600 g Fischfilet nach Wunsch
50 g Mehl
60 ml Sahne
1 Ei
1 Zwiebel
3 EL Dill oder andere Kräuter
1 TL Zitronensaft
Salz nach Belieben
Pfeffer nach Belieben
Öl zum Braten

Nährwerte p. 100g

136 kcal
5 g Kohlenhydrate
5 g Fett
17 g Eiweiß

1 Pellen Sie die Zwiebel und reiben Sie sie in eine Schüssel. Spülen Sie den Dill oder andere Kräuter ab und hacken Sie sie in feine Stücke.

2 Schneiden Sie den Fisch in sehr kleine Stücke. Geben Sie ihn in eine Schüssel und fügen Sie alle weiteren Zutaten, außer den Zitronensaft, bei. Verkneten Sie alles zu einer glatten Masse und stellen Sie die Schüssel für eine Stunde in den Kühlschrank.

3 Formen Sie aus dem Fischteig Frikadellen. Bemehlen Sie dafür Ihre Hände und bestäuben Sie die einzelnen Frikadellen mit etwas Mehl.

4 Erhitzen Sie das Öl in einer Pfanne und braten Sie die Fischfrikadellen von beiden Seiten gar. Während des Bratens träufeln Sie den Zitronensaft darüber.

Vegetarische & vegane Hauptgerichte

DÄNISCHE MÖHRENPFANNE

4 Port. | 45 Min. | Leicht

Zutaten

500 g Möhren
1 kg Kartoffeln
150 g Blauschimmelkäse
125 g Crème fraîche
125 g saure Sahne
250 ml Wasser
1 Brühwürfel
1 EL Schnittlauch

Nährwerte p. P.

115 kcal
11 g Kohlenhydrate
6 g Fett
4 g Eiweiß

1 Schälen Sie die Kartoffeln und die Möhren und schneiden Sie beides in Scheiben. Gießen Sie das Wasser in einen Topf und fügen Sie den Brühwürfel bei. Kochen Sie es kurz auf und geben Sie dann die Kartoffel- und Möhrenscheiben hinein. Garen Sie das Gemüse für etwa 15 Minuten mit aufgelegtem Deckel.

2 Währenddessen schneiden Sie den Käse in kleine Stücke. Geben Sie die saure Sahne und die Crème fraîche in eine Schüssel, vermengen Sie beides miteinander und mischen dann die Käsestücke dazu.

3 Geben Sie die Sahne-Käse-Mischung in den Topf und köcheln Sie alles für weitere zehn Minuten. Rühren Sie zwischendurch um, damit sich der Käse gut verteilen kann.

4 Spülen Sie den Schnittlauch ab und schneiden Sie ihn in kleine Röllchen. Zum Servieren streuen Sie den Schnittlauch über die Kartoffel-Möhren-Mischung.

Tipp: Die Möhrenpfanne kann auch als Beilage zu Fleisch oder Fisch serviert werden.

DÄNISCHE REISPFANNKUCHEN MIT KOMPOTT

15 Port. | 45 Min. | Leicht

Zutaten

1 l Milch
250 g Milchreis
2 EL Zucker
2 EL Mehl
2 Eier
1 Prise Salz

Kompott:
500 g Erdbeeren oder Himbeeren
1 EL Speisestärke
etwas Wasser
2 EL Zucker
Vanillemark nach Belieben

Nährwerte p. P.

146 kcal
24 g Kohlenhydrate
4 g Fett
4 g Eiweiß

1 Gießen Sie die Milch in einen Topf und verrühren Sie das Salz und den Milchreis darin. Kochen Sie die Mischung unter Rühren auf und reduzieren Sie dann die Temperatur auf die niedrigste Stufe. Köcheln Sie den Milchreis für etwa 30 Minuten und rühren Sie gelegentlich um.

2 In der Zwischenzeit bereiten Sie das Kompott zu. Geben Sie die Früchte mit dem Zucker und dem Vanillemark in einen Topf. Gießen Sie eine kleine Menge Wasser auf und kochen Sie alles unter Rühren auf. Vermischen Sie die Speisestärke mit etwas Wasser und rühren Sie sie unter das Kompott. Nehmen Sie den Topf von der Kochstelle.

3 Füllen Sie den Milchreis in eine Rührschüssel um und vermischen Sie ihn mit dem Mehl, den Eiern und dem Zucker. Erhitzen Sie eine Pfanne und braten Sie aus dem Milchreisteig kleine Pfannkuchen.

4 Zum Servieren richten Sie die Milchreispfannkuchen auf Tellern an und geben nach Belieben etwas Kompott dazu.

Beilagen

EINGELEGTE ZWIEBELN

2 Gl. á 500 ml | 45 Min. | Leicht

Zutaten

250 ml Wasser
250 ml Essig
215 g Zucker
5 Zwiebeln, rot
2½ EL Zitronensaft

Nährwerte p. Gl.

617 kcal
138 g Kohlenhydrate
2 g Fett
8 g Eiweiß

1 Pellen Sie die Zwiebeln, halbieren Sie sie und schneiden Sie sie dann in dünne Scheiben.

2 Füllen Sie das Wasser und den Essig in einen Topf und kochen Sie die Flüssigkeiten auf. Verrühren Sie den Zucker darin, bis er sich aufgelöst hat. Nun geben Sie die Zwiebeln in den Topf und kochen sie für ein paar Minuten.

3 Holen Sie die Zwiebeln mit Hilfe einer Schaumkelle heraus und verteilen Sie sie auf die Einmachgläser. Kochen Sie den Sud bei starker Hitze für weitere fünf Minuten und verrühren Sie dann den Zitronensaft darin.

4 Verteilen Sie den Sud auf beide Gläser und verschließen Sie sie. Nach dem Abkühlen können sie die Gläser im Kühlschrank aufbewahren.

MELBOLLER |

SUPPENEINLAGE

6 Port. 45 Min. Leicht

Zutaten

250 g Mehl
130 g Butter
500 ml Wasser
6 Eier
Salz nach Belieben

Nährwerte p. P.

370 kcal
30 g Kohlenhydrate
23 g Fett
9 g Eiweiß

1 Erhitzen Sie die Butter in einem Topf und gießen Sie das Wasser dazu. Kochen Sie die Flüssigkeit auf und geben Sie das Mehl auf einmal hinein. Verrühren Sie die Zutaten, bis sich ein fester, gleichmäßiger Teig gebildet hat. Stellen Sie den Topf zum Abkühlen beiseite.

2 Verquirlen Sie die Eier und rühren Sie sie nach und nach in den Teig. Da der Teig sehr zäh ist, benötigen Sie hier etwas Kraft. Schmecken Sie den Teig nach Belieben mit Salz ab.

3 In Dänemark wird jetzt eine sogenannte Melbollersprøjte verwendet. Haben Sie eine solche nicht zur Hand, können Sie eine Gebäckspritze verwenden oder aber die Klöße mit einem Teelöffel formen.

4 Erhitzen Sie etwas Salzwasser, bis es kocht und reduzieren Sie dann die Temperatur. Die Klöße sollen nur leicht sieden.

5 Formen Sie aus dem Teig etwa teelöffelgroße Klöße und geben Sie sie in das Wasser. Sie schwimmen an der Oberfläche, wenn sie gar sind. Dann können Sie die Klöße mit einer Schaumkelle herausholen.

Tipp: Sie können diese Klöße auf Vorrat kochen und nach dem Abkühlen einfrieren.

BRUNEDE KARTOFFLER |

KARAMELLISIERTE KARTOFFELN

4 Port. 45 Min. Leicht

Zutaten

500 g Kartoffeln, klein und festkochend
30 g Zucker
30 g Butter
½ TL Kümmel
Thymian nach Belieben
Knoblauch nach Belieben
Rosmarin nach Belieben
Muskatnuss nach Belieben
Salz nach Belieben

Nährwerte p. P.

205 kcal
31 g Kohlenhydrate
7 g Fett
3 g Eiweiß

1 Kochen Sie die Kartoffeln als Pellkartoffeln. Nach der Garzeit lassen Sie sie etwas abkühlen. Dann entfernen Sie die Schale.

2 Erhitzen Sie eine Pfanne und geben Sie den Zucker hinein. Karamellisieren Sie den Zucker und fügen Sie dann die Butter dazu. Nun geben Sie die Kartoffeln in die Pfanne.

3 Vermischen Sie nach Belieben die Gewürze mit den Kartoffeln und braten Sie sie unter Rühren, bis sie die gewünschte Bräunung erhalten haben.

BRÆNDENDE KÆRLIGHED |

KARTOFFELBREI MIT SPECK UND ZWIEBELN

4 Port. | 45 Min. | Leicht

Zutaten

1 kg Kartoffeln, mehligkochend
200 ml Milch
300 g Speck, gewürfelt
20 g Butter
2 Zwiebeln
Muskatnuss nach Belieben
Pfeffer nach Belieben
Salz nach Belieben

Nährwerte p. P.

537 kcal
49 g Kohlenhydrate
27 g Fett
21 g Eiweiß

1 Schälen Sie die Kartoffeln und schneiden Sie sie in kleine Stücke. Kochen Sie sie in ungesalzenem Wasser, bis sie gar sind.

2 Währenddessen pellen Sie die Zwiebeln und schneiden sie in dünne Streifen. Erhitzen Sie eine Pfanne und braten Sie die Speckwürfel knusprig aus. Nehmen Sie sie aus der Pfanne und braten Sie im Bratfett die Zwiebeln, bis sie eine hellbraune Farbe annehmen.

3 Nach der Garzeit gießen Sie die Kartoffeln ab und zerstampfen sie mit einem Kartoffelstampfer.

4 Gießen Sie die Milch in einen Topf und erwärmen Sie sie bei niedriger Temperatur. Rühren Sie sie nach und nach unter die zerstampften Kartoffeln und geben Sie zwischendurch auch die Butter dazu. Schmecken Sie das Kartoffelpüree nach Belieben mit Muskatnuss, Pfeffer und Salz ab.

5 Stampfen Sie die Kartoffeln noch einmal gründlich durch und schlagen Sie dann die Masse mit einem Schneebesen luftig auf.

6 Zum Servieren richten Sie den Kartoffelbrei auf Tellern an und verteilen den Speck und die Zwiebeln darüber.

DÄNISCHER ROSENKOHL

4 Port. | 30 Min. | Leicht

Zutaten

1 kg Rosenkohl
1 Schmelzkäseecke
2 EL Rapsöl
2 EL Mehl
1 Prise Muskatnuss
1 Prise Salz

Nährwerte p. P.

36 kcal
3 g Kohlenhydrate
1 g Fett
5 g Eiweiß

1 Säubern Sie den Rosenkohl und geben Sie ihn in einen Topf. Gießen Sie so viel Salzwasser auf, bis er bedeckt ist und garen Sie ihn nach Belieben weich oder bissfest.

2 Erhitzen Sie das Öl in einem weiteren Topf und rühren Sie das Mehl ein. Löschen Sie mit dem Rosenkohlwasser ab, bis Sie die gewünschte Konsistenz erreicht haben. Geben Sie die Schmelzkäseecke dazu und verrühren Sie sie, bis sich der Käse aufgelöst hat. Würzen Sie die Sauce nach Belieben mit Muskatnuss und Salz und vermischen Sie sie mit dem Rosenkohl.

DÄNISCHER ROTKOHL

4 Port. 90 Min. Leicht

Zutaten

1½ kg Rotkohl
50 g Johannisbeergelee
20 ml Öl
500 ml Essig
500 ml Wasser
1 Apfel
1 Prise Zimt
Zucker nach Belieben
Pfeffer nach Belieben
Salz nach Belieben

Nährwerte p. P.

203 kcal
27 g Kohlenhydrate
6 g Fett
7 g Eiweiß

1 Säubern Sie den Rotkohl und entfernen Sie den Strunk. Anschließend hobeln Sie ihn in Streifen.

2 Erhitzen Sie das Öl in einem Topf und braten Sie den Rotkohl an. Dünsten Sie ihn unter Rühren für etwa fünf Minuten.

3 Gießen Sie das Wasser und den Essig auf und würzen Sie ihn nach Belieben mit Salz und Pfeffer.

4 Legen Sie den Deckel auf und köcheln Sie den Rotkohl bei niedriger Temperatur für etwa eine Stunde. Rühren Sie zwischendurch öfter um.

5 In der Zwischenzeit schälen Sie den Apfel und schneiden ihn in kleine Stücke. Geben Sie den Apfel und das Johannisbeergelee kurz vor Ende der Garzeit zum Rotkohl.

6 Schmecken Sie den Rotkohl mit Zimt und Zucker ab.

Fingerfood & Snacks

PØLSEMIX |

WURST MIT POMMES

4 Port. 45 Min. Leicht

Zutaten

300 g Wiener Würstchen
800 g Pommes Frites, TK
200 ml Ketchup
2 Zwiebeln
2 TL Currypulver
Salz nach Belieben
Öl zum Frittieren

Nährwerte p. P.

1343 kcal
115 g Kohlenhydrate
88 g Fett
21 g Eiweiß

1 Pellen Sie die Zwiebeln und schneiden Sie sie in kleine Würfel. Anschließend schneiden Sie die Würstchen in Scheiben.

2 Füllen Sie den Ketchup in eine Schale und vermischen Sie das Currypulver darin. Gießen Sie das Öl in einen Topf und erhitzen Sie es.

3 Frittieren Sie zunächst die Pommes, bis sie den gewünschten Bräunungsgrad erreicht haben. Anschließend frittieren Sie darin die Wurstscheiben, bis sie knusprig geworden sind.

4 Salzen Sie nach Belieben die Pommes und verteilen Sie sie auf Tellern. Geben Sie die Wurstscheiben darauf und streuen Sie die Zwiebeln darüber. Nun geben Sie nach Belieben den Curryketchup dazu.

Tipp: Statt frischer Zwiebeln können Sie auch Röstzwiebeln verwenden.

GULERODSKAGE |

MÖHRENKUCHEN

12 Port. 45 Min. Leicht

Zutaten

Teig:
150 g Mehl
200 g Zucker
150 g Butter
500 g Möhren
75 g Walnusskerne
4 Eier
1 TL Zimt, gemahlen
2 TL Backpulver
½ TL Salz

Füllung:
75 g Puderzucker
200 g Frischkäse
30 g Pistazienkerne, ungesalzen
1 TL Vanilleschote, gemahlen
2 EL Zitronensaft

Nährwerte p. P.

369 kcal
37 g Kohlenhydrate
21 g Fett
6 g Eiweiß

1 Heizen Sie den Backofen auf 170 °C Ober- und Unterhitze vor und fetten Sie eine Springform ein.

2 Schälen Sie die Möhren und reiben Sie sie mit einer feinen Raspel in eine Schüssel. Hacken Sie die Walnüsse in grobe Stücke.

3 Geben Sie die Butter und den Zucker in eine Rührschüssel und mixen Sie beides mit einem Handrührgerät zu einer schaumigen Masse. Geben Sie die Eier nach und nach dazu und verrühren Sie darin. Mischen Sie das Backpulver, den Zimt, das Salz und das Mehl dazu. Zum Schluss heben Sie vorsichtig die geriebenen Möhren und die Walnüsse unter den Teig.

4 Füllen Sie den Teig in die Springform und backen Sie den Kuchen für etwa 45 Minuten. Anschließend stellen Sie ihn zum Abkühlen auf ein Kuchengitter.

5 Währenddessen bereiten Sie die Füllung zu. Hacken Sie zunächst die Pistazien in kleine Stücke. Geben Sie den Frischkäse, den Zitronensaft, den Puderzucker und die gemahlene Vanille in eine Rührschüssel und vermischen Sie alles zu einer geschmeidigen Creme. Verteilen Sie die Creme auf dem Kuchen und streuen Sie die Pistazien darüber.

MADBRØD |
GEFÜLLTE BRÖTCHEN

8 Port.

110 Min.
+
1 Nacht Kühlzeit

Leicht

Zutaten

400 g Dinkelmehl, Type 630
300 g Pellkartoffeln (vom Vortag)
100 g Emmentaler
275 ml Wasser, lauwarm
150 ml Wasser, kochend
5 g Hefe, frisch
60 g Pesto, grün
15 g Salz

Nährwerte p. P.

287 kcal
41 g Kohlenhydrate
9 g Fett
10 g Eiweiß

1 Gießen Sie das Wasser in eine Schüssel und lösen Sie die Hefe darin auf. Verkneten Sie anschließend das Mehl und das Salz darin, bis Sie einen glatten Teig hergestellt haben. Formen Sie den Teig zu einer Kugel, legen Sie sie in die Schüssel und stellen Sie diese abgedeckt für mindestens acht Stunden in den Kühlschrank.

2 Am Zubereitungstag pellen Sie zunächst die Kartoffeln und schneiden sie in kleine Würfel. Schneiden Sie den Emmentaler in ebenso kleine Würfel wie die Kartoffeln. Geben Sie beides in eine Schüssel und vermischen Sie das Pesto darin. Bereiten Sie eine Arbeitsfläche mit Mehl vor und legen Sie die Teigkugel darauf. Teilen Sie den Teig in acht gleich große Stücke und ziehen Sie jedes Teigstück mit den Händen zu einem kreisförmigen Fladen auseinander.

3 Verteilen Sie in der Mitte eines jeden Fladens die Kartoffel-Käse-Mischung. Lassen Sie einen Rand frei, diesen schlagen Sie anschließend über der Füllung zusammen. Fetten Sie eine Auflaufform ein und legen Sie die Teigstücke mit der zusammengefalteten Seite nach unten dicht an dicht hinein. Stellen Sie die Form für eine Stunde beiseite. Heizen Sie den Backofen auf 240 °C Ober- und Unterhitze vor. Stellen Sie während des Aufheizens eine ofenfeste Schale auf den Boden des Backofens.

4 Nach dem Vorheizen befüllen Sie die Schale mit dem kochenden Wasser und schieben die Form mit dem Teig auf die mittlere Schiene. Backen Sie die Brötchen für etwa 20 Minuten, bis sie eine goldbraune Farbe angenommen haben.

Desserts & Kuchen

LUCIA STJERNE |

DÄNISCHES HEFEGEBÄCK

8 Port. | 100 Min. + 2 Std. Ruhezeit | Mittel

Zutaten

Teig:
400 g Mehl
200 ml Milch
1 Ei für den Teig
1 Ei zum Bestreichen
20 g Hefe, frisch
30 g Zucker
40 g Butter
0,2 g Safran, gemahlen
½ TL Salz

Füllung:
75 g Rohrzucker
50 g Marzipan
50 g Rosinen
100 g Butter, weich

Nährwerte p. P.

437 kcal
59 g Kohlenhydrate
18 g Fett
8 g Eiweiß

1 Füllen Sie die Milch in eine Rührschüssel und vermischen Sie den Safran darin. Stellen Sie die Schüssel für 20 Minuten beiseite, sie bekommt dann mehr Farbe und Geschmack. Erhitzen Sie die Butter bei niedriger Temperatur in einem Topf. Geben Sie sie zur Milch und verrühren Sie den Zucker und die Hefe darin.

2 Vermischen Sie das Mehl, ein Ei und das Salz in der Mischung. Kneten Sie die Zutaten, bis Sie einen geschmeidigen Teig erhalten. Decken Sie die Schüssel ab und stellen Sie sie für zwei Stunden an einen warmen Ort. Verquirlen Sie das übrige Ei und stellen Sie es beiseite.

3 In der Zwischenzeit bereiten Sie die Füllung zu. Zerbröseln Sie das Marzipan und geben Sie es in eine Schüssel. Vermischen Sie den Rohrzucker darin und rühren Sie die Rosinen und die weiche Butter dazu. Die Füllung muss nicht zwingend glatt werden.

4 Bereiten Sie eine Arbeitsfläche mit Mehl vor und geben Sie den Teig darauf. Teilen Sie ihn in vier Stücke und formen Sie sie zu einer Kugel. Lassen Sie die Teigkugeln für etwa zehn Minuten ruhen, bevor Sie sie weiterverarbeiten.

5 Heizen Sie den Backofen auf 200 °C Umluft vor und belegen Sie ein Blech mit Backpapier. Rollen Sie jede Teigkugel zu einem runden Fladen mit einem Durchmesser von etwa 23 Zentimetern aus. Legen Sie einen Teigfladen auf das Blech und verteilen Sie etwa ⅓ der Füllung darauf. Legen

Sie den zweiten Fladen darauf und verteilen Sie wieder ⅓ der Füllung darauf. Fahren Sie fort, bis Füllung und Teig verbraucht sind. Den Abschluss bildet ein Teigfladen.

6 Stellen Sie ein Glas mit einem Durchmesser von etwa fünf Zentimetern in die Mitte des gefüllten Teiges. Schneiden Sie den Teig zunächst in Viertel, dann in Achtel und zum Schluss in Sechzehntel.

7 Nehmen Sie jeden einzelnen Teigstreifen und drehen Sie sie 1,5-mal um sich selbst nach außen. Führen Sie die Spitzen zweier Streifen zusammen und fixieren Sie sie. Es sollte sich eine Art Sternspitze ergeben. Fahren Sie fort, bis Sie alle Teigstreifen zu insgesamt acht Sternspitzen geformt haben.

8 Decken Sie den Stern mit einem Küchentuch ab und stellen Sie in für 20 Minuten zum Gehen beiseite. Anschließend bestreichen Sie ihn mit dem verquirlten Ei.

9 Backen Sie den Stern für etwa 15 Minuten, bis er eine goldbraune Farbe erhalten hat.

RISALAMANDE |

MANDELREIS GRUNDREZEPT

8 Port. | 45 Min. | Einfach

Zutaten

1 l Milch
400 ml Sahne
1 Pck. Vanillezucker
200 g Mandeln, gehackt
250 g Milchreis
50 g Zucker
1 Prise Salz

Nährwerte p. P.

530 kcal
40 g Kohlenhydrate
35 g Fett
13 g Eiweiß

1 Gießen Sie die Milch in einen Topf und rühren Sie den Milchreis hinein. Fügen Sie den Vanillezucker sowie das Salz dazu und kochen Sie die Zutaten unter Rühren auf. Legen Sie einen Deckel auf und garen Sie den Reis für etwa 25 Minuten. Rühren Sie zwischendurch um, damit nichts ansetzt. Anschließend nehmen Sie den Topf von der Kochstelle und stellen ihn zum Abkühlen beiseite.

2 Währenddessen füllen Sie die Sahne in eine Rührschüssel und schlagen sie zu einer festen Masse. Zwischendurch geben Sie nach und nach den Zucker dazu.

3 Wenn der Milchreis abgekühlt ist, heben Sie die steifgeschlagene Sahne darunter und mischen die Mandeln dazu.

4 Zum Servieren können Sie nach Belieben Saucen oder Früchte reichen.

GAMMELDAGS ÆBLEKAGE |

APFEL-SCHICHT-DESSERT

4 Port. | 45 Min. | Einfach

Zutaten

150 g Semmelbrösel
50 g Butter
50 g Mandelmakronen (Amarettini-Kekse)
80 g Zucker
1 Prise Salz

300 g Sahne
20 g Zucker
Apfelkompott nach Belieben

Nährwerte p. P.

585 kcal
68 g Kohlenhydrate
31 g Fett
7 g Eiweiß

1 Zunächst zerdrücken Sie die Mandelmakronen. Dies geht am besten, wenn Sie sie in einen Gefrierbeutel geben und mit einem Nudelholz zerkleinern.

2 Erhitzen Sie die Butter bei mittlerer Temperatur in einer Pfanne. Geben Sie die Semmelbrösel, den Zucker und das Salz hinzu und rösten Sie die Zutaten unter ständigem Rühren, bis sie eine goldbraune Farbe angenommen haben. Nun vermischen Sie die zerdrückten Mandelmakronen mit den Zutaten in der Pfanne. Anschließend füllen Sie die Mischung in eine hitzebeständige Schüssel.

3 Füllen Sie die Sahne und den Zucker in eine Rührschüssel und schlagen Sie sie auf. Sie soll dabei nicht völlig steif werden.

4 Nun werden die Zutaten entweder in eine Servierschüssel oder in Dessertschalen geschichtet. Geben Sie zuerst die Semmelbrösel hinein und schichten Sie dann im Wechsel die Sahne und das Apfelkompott darauf.

KANELSTANG |

ZIMTSTANGE

16 Port. 140 Min. Mittel

Zutaten

300 g Mehl, Type 550
140 g Butter, weich
75 g Zucker, weiß
60 g Zucker, braun
50 g Puderzucker
40 g Haselnüsse
15 g Hefe, frisch
400 ml Milch
2 Eier
1½ EL Zitronensaft
2 EL Vanillepuddingpulver zum Kochen
2 TL Zimt
¼ TL Kardamom, gemahlen
Salz nach Belieben

Nährwerte p. P.

230 kcal
28 g Kohlenhydrate
10 g Fett
4 g Eiweiß

1 Gießen Sie die Milch in einen Topf und erwärmen Sie sie bei niedriger Temperatur. Krümeln Sie die Hefe in eine Schüssel und vermischen Sie sie mit 100 ml der warmen Milch und 60 g des weißen Zuckers.

2 Geben Sie das Mehl in eine Schüssel und vermischen Sie ein Ei, etwas Salz, den Kardamom und weitere 100 ml der Milch darin. Füllen Sie die Hefemischung dazu und verkneten Sie alles zu einem Teig. Fügen Sie 80 g der Butter in kleinen Stückchen bei und kneten Sie sie unter den Teig. Decken Sie die Schüssel ab und stellen Sie sie für 45 Minuten an einen warmen Ort.

3 In der Zwischenzeit verrühren Sie das Puddingpulver mit dem übrigen weißen Zucker und 50 ml der Milch zu einer glatten Masse. Kochen Sie die restliche Milch kurz auf und rühren Sie die Puddingmischung hinein. Füllen Sie die Mischung in eine Schüssel und decken Sie sie mit Frischhaltefolie ab.

4 Geben Sie restliche Butter mit dem braunen Zucker, dem Zimt und etwas Salz in eine Rührschüssel und verrühren Sie die Zutaten mit einem Handrührgerät zu einer cremigen Masse.

5 Bereiten Sie eine Arbeitsfläche mit Mehl vor, kneten Sie den Teig noch einmal gründlich durch und rollen Sie ihn dann auf etwa 40 x 30 Zentimeter aus. Belegen Sie ein Blech mit Backpapier und legen Sie den Teig darauf.

6 Verteilen Sie die cremige Butter-Zimtzucker-Mischung auf dem Teig und anschließend die Puddingmischung. Nun rollen Sie den Teig an der langen Seite vorsichtig zu einer Rolle auf. Drücken Sie die Enden leicht zusammen und drehen Sie die Teignaht nach unten.

7 Schneiden Sie mit einer Schere mehrere Querschnitte in die Teigoberfläche und verschieben Sie die einzelnen Stücke im Wechsel nach rechts und nach links. Stellen Sie das Blech für 30 Minuten an einen warmen Ort.

8 Währenddessen verquirlen Sie das letzte Ei und hacken die Haselnüsse grob durch. Heizen Sie den Backofen auf 200 °C Umluft vor.

9 Bestreichen Sie den Teig mit dem Ei und streuen Sie die Haselnüsse darüber. Backen Sie den Kanelstang für etwa 25 Minuten im Backofen und stellen Sie ihn anschließend zum Abkühlen auf ein Küchenrost.

10 Vermischen Sie den Puderzucker mit dem Zitronensaft und verzieren Sie den Kanelstang damit.

APFELPUDDING

4 Port. | 30 Min. | Einfach

Zutaten

500 ml Milch
1 Glas Apfelmus
1 Pck. Vanillepudding-pulver zum Kochen
1 EL Butter
2 EL Semmelbrösel
4 EL Zucker

Nährwerte p. P.

266 kcal
44 g Kohlenhydrate
8 g Fett
5 g Eiweiß

1 Verrühren Sie das Puddingpulver mit zwei Esslöffeln Zucker und etwa sechs Esslöffeln der Milch.

2 Gießen Sie die übrige Milch in einen Topf und kochen Sie sie kurz auf. Nehmen Sie den Topf von der Kochstelle und rühren Sie die Puddingpulvermischung hinein. Kochen Sie die Mischung abermals unter Rühren auf.

3 Füllen Sie das Apfelmus in eine Servierschüssel. Erhitzen Sie die Butter in einer Pfanne und rösten Sie die Semmelbrösel darin an. Geben Sie die halbe Menge auf das Apfelmus. Füllen Sie den Pudding aus dem Topf über das Apfelmus und verteilen Sie die restlichen Semmelbrösel auf der Oberfläche.

RØD GRØD |

ROTE GRÜTZE

12 Port. 45 Min. Einfach

Zutaten

300 g Himbeeren
300 g Johannisbeeren, rot
300 g Johannisbeeren, schwarz
250 g Rhabarber
150 g Erdbeeren
150 g Zucker, braun
400 ml Wasser
1 TL Speisestärke

Nährwerte p. 100g

53 kcal
11 g Kohlenhydrate
1 g Fett
1 g Eiweiß

1 Säubern Sie alle Früchte. Schneiden Sie den Rhabarber in kleine Stücke. Gießen Sie das Wasser in einen Topf und kochen Sie es kurz auf. Reduzieren Sie die Temperatur und geben Sie den Rhabarber, die roten Johannisbeeren und die halbe Menge der schwarzen Johannisbeeren in den Topf. Köcheln Sie alles für etwa sechs Minuten.

2 Anschließend drücken Sie die Früchte durch ein Sieb und fangen die Flüssigkeit auf. Füllen Sie sie wieder in den Topf und geben Sie den Rest der Früchte hinein. Kochen Sie alles unter Rühren auf. Nun geben Sie die passierten Beeren hinein.

3 Verrühren Sie die Speisestärke mit einer kleinen Menge Wasser und sämen Sie die Grütze damit an.

4 Füllen Sie die Grütze in eine Servierschale und streuen Sie den Zucker darüber. So kann sich keine Haut bilden.

5 Nach dem Abkühlen stellen Sie die Schüssel bis zum Servieren in den Kühlschrank.

DÄNISCHE KNUSPERCREME

6 Port. | 30 Min. | Einfach

Zutaten

400 g Frischkäse
400 g Sahne
250 g Himbeeren
100 g Zucker
1 TL Vanilleextrakt

100 g Mandelblättchen
2 EL Zucker
2 EL Butter

Nährwerte p. P.

595 kcal
33 g Kohlenhydrate
46 g Fett
10 g Eiweiß

1 Bereiten Sie zunächst die Mandeln vor. Erhitzen Sie die Butter bei mittlerer Temperatur in einer Pfanne und streuen Sie den Zucker hinein. Geben Sie die Mandelblättchen dazu und karamellisieren Sie diese unter ständigem Rühren.

2 Belegen Sie ein Blech mit Backpapier und verteilen Sie die Mandeln darauf. Stellen Sie sie zum Abkühlen beiseite.

3 In der Zwischenzeit füllen Sie die Sahne in eine Rührschüssel und schlagen sie mit einem Handrührgerät steif. Geben Sie den Frischkäse in eine weitere Schüssel und vermischen Sie ihn mit dem Vanilleextrakt und dem Zucker zu einer cremigen Masse. Anschließend heben Sie vorsichtig die Sahne darunter.

4 Stellen Sie sechs Dessertgläser bereit. Verteilen Sie zunächst die halbe Menge der Creme in die Gläser und dann die Himbeeren. Nun verteilen Sie die übrige Creme und geben zum Abschluss kleine Stücke der karamellisierten Mandeln darauf.

DRØMMEKAGE |

TRAUMKUCHEN

6 Port. | 60 Min. | Einfach

Zutaten

240 g Mehl
120 g Puderzucker
200 ml Milch
50 g Butter
4 Eier
1 EL Vanillezucker
3 TL Backpulver

Topping:
150 g Zucker, braun
100 g Kokosflocken
125 g Butter
50 ml Milch

Nährwerte p. P.

724 kcal
79 g Kohlenhydrate
40 g Fett
9 g Eiweiß

1 Heizen Sie den Backofen auf 180 °C Umluft vor und belegen Sie ein kleines Blech mit Backpapier.

2 Gießen Sie die Milch in einen Topf, geben Sie die Butter dazu und kochen Sie beides kurz auf. Stellen Sie den Topf zum Abkühlen beiseite.

3 Währenddessen geben Sie den Zucker in eine Rührschüssel und vermischen ihn mit den Eiern zu einer schaumigen Masse. Geben Sie das Mehl in eine weitere Schüssel und mischen Sie das Backpulver und den Vanillezucker darunter. Anschließend verrühren Sie die Mehl-Mischung mit der Eier-Mischung.

4 Nun schlagen Sie nach und nach die abgekühlte Milch-Butter-Mischung unter den Teig. Verteilen Sie ihn auf dem Backblech und backen Sie ihn auf der mittleren Schiene für etwa 20 Minuten.

5 In der Zwischenzeit bereiten Sie das Topping zu. Geben Sie alle Zutaten in einen Topf und kochen Sie sie kurz unter Rühren auf. Nach der Backzeit verteilen Sie das Topping auf dem Teig und backen ihn für weitere fünf Minuten bei 210 °C.

6 Nach dem Backen stellen Sie den Kuchen zum Abkühlen beiseite. Zum Servieren schneiden Sie ihn in Quadrate.

Saucen, Aufstriche, Cremes & Dips

LEVERPOSTEJ |

LEBERPASTETE

6 Port. 150 Min. Leicht

Zutaten

500 g Rinderleber
200 g Speck, fett oder geräuchert
125 g Mehl
500 ml Milch
2 Zwiebeln
2 Eier
3 Sardellenfilets
½ TL Zucker
½ TL Piment, gemahlen
1 TL Majoran
2 TL Salz

Nährwerte p. P.

420 kcal
27 g Kohlenhydrate
20 g Fett
31 g Eiweiß

1 Pellen Sie die Zwiebeln und schneiden Sie sie in feine Würfel. Schneiden Sie die Sardellenfilets, den Speck und die Leber in kleine Stücke.

2 Geben Sie die Leber, den Speck, die Zwiebeln und die Sardellenfilets in eine Schüssel und pürieren Sie sie mit einem Stabmixer zu einer feinen Masse. Falls vorhanden, können Sie auch einen Fleischwolf verwenden. Vermischen Sie anschließend das Salz, das Piment, den Majoran und den Zucker in der Masse.

3 Füllen Sie die Milch in einen Topf und kochen Sie sie kurz auf. Geben Sie unter ständigem Rühren das Mehl hinzu und köcheln Sie die Milch für etwa zwei Minuten. Nehmen Sie den Topf von der Kochstelle und rühren Sie die Lebermasse sowie die Eier hinein. Schmecken Sie die Mischung noch einmal mit den Gewürzen ab.

4 Anschließend füllen Sie die Lebermischung in eine ofenfeste Form und stellen sie in ein Wasserbad. Heizen Sie den Backofen auf 180 °C Umluft vor und stellen Sie das Wasserbad mit der Form ohne Deckel auf die mittlere Schiene.

5 Garen Sie die Leberpastete für etwa 90 Minuten.

LACHSCREME

4 Port. | 30 Min. | Leicht

Zutaten

200 g Stremellachs
200 g Schmand
50 ml Sahne
2 EL Kapern
2 Sardellenfilets
½ Bund Dill
Pfeffer nach Belieben
Salz nach Belieben

Nährwerte p. P.

234 kcal
4 g Kohlenhydrate
19 g Fett
13 g Eiweiß

1 Spülen Sie den Dill ab und hacken Sie ihn in kleine Stücke. Zerkleinern Sie den Lachs grob mit einer Gabel. Hacken Sie die Kapern in kleine Stücke. Geben Sie alle Zutaten in einen Multizerkleinerer.

2 Fügen Sie die Sardellenfilets und den Schmand dazu und vermixen Sie alle Zutaten zu einer feinen Masse. Nun mischen Sie vorsichtig die Sahne dazu. Je nach gewünschter Konsistenz können Sie weniger oder mehr Sahne dazugeben.

3 Schmecken Sie die Lachscreme mit Pfeffer und Salz ab und füllen Sie sie zum Servieren in eine kleine Schale.

DÄNISCHE SAUCE ZU FISCH

4 Port. | 20 Min. | Leicht

Zutaten

400 ml Wasser, heiß
2 Eigelbe
3 EL Mehl
2 EL Butter
1 Prise Pfeffer
1 Prise Salz

Nährwerte p. P.

107 kcal
6 g Kohlenhydrate
8 g Fett
4 g Eiweiß

1 Geben Sie die Butter in eine Schüssel und rühren Sie sie mit einem Handrührgerät zu einer schaumigen Masse. Anschließend verrühren Sie das Mehl in der Butter. Dann füllen Sie das Wasser hinzu und verrühren es ebenfalls.

2 Füllen Sie die angerührte Masse in einen Topf um und erhitzen Sie die Zutaten bei niedriger Temperatur, bis sie anfangen zu köcheln. Rühren Sie dabei ständig um, damit nichts ansetzt.

3 Nehmen Sie den Topf von der Kochstelle und verrühren Sie die Eigelbe in der Sauce. Schmecken Sie die Sauce mit Pfeffer und Salz ab.

DÄNISCHE KRÄUTERBUTTER

Mehrere

20 Min. + einige Std. Kühlzeit

Leicht

Zutaten

200 g Butter, weich
1 Frühlingszwiebel
1 EL Zitronensaft
1 EL Estragon, getrocknet
2 TL Kerbel, getrocknet
1 TL Senf
1 TL Essig
1 Prise Zucker
½ TL Salz
Pfeffer nach Belieben

Nährwerte p. 100g

559 kcal
4 g Kohlenhydrate
60 g Fett
1 g Eiweiß

1 Säubern Sie die Frühlingszwiebel und hacken Sie sie in feine Stücke. Geben Sie die Butter in eine Schüssel und vermischen Sie sie mit der Frühlingszwiebel.

2 Verrühren Sie nun den Senf, den Zitronensaft, den Essig, den Kerbel, den Estragon sowie das Salz und den Pfeffer darin.

3 Geben Sie die Kräuterbutter auf ein passendes Stück Frischhaltefolie und formen Sie eine Rolle daraus. Legen Sie die Rolle für einige Stunden in den Kühlschrank.

DÄNISCHE MAYONNAISE

8 Port. | 10 Min. | Leicht

Zutaten

250 ml Rapsöl
1 Ei
1 EL Petersilie, gehackt
1 TL Estragon, gehackt
1 TL Dillspitzen
2 TL Schnittlauch, in Röllchen geschnitten
1 TL Senf
1 TL Limettensaft
1 Prise Pfeffer
1 TL Meersalz

Nährwerte p. P.

267 kcal
1 g Kohlenhydrate
29 g Fett
1 g Eiweiß

1 Füllen Sie alle genannten Zutaten in ein Behältnis, welches nur wenig breiter ist als Ihr Pürierstab. Dies ist wichtig, damit sich die Zutaten verbinden können.

2 Tauchen Sie den Pürierstab bis auf den Boden der Schüssel und neigen Sie ihn so weit wie möglich.

3 Schalten Sie den Pürierstab ein und ziehen Sie ihn während des Betriebes langsam und gleichmäßig nach oben. Wiederholen Sie den Vorgang gegebenenfalls in entgegengesetzter Richtung, falls sich nicht alle Zutaten vermischt haben.

4 Füllen Sie die Mayonnaise in ein gut verschließbares Schraubglas und lagern Sie es im Kühlschrank.

Tipp: Verbrauchen Sie die Mayonnaise alsbald, da hier rohes Ei verwendet wurde.

SAUCE DENMARK

4 Port. 10 Min. Leicht

Zutaten

200 g Crème fraîche
4 EL Sonnenblumenöl
2 EL Senf, grobkörnig
1 TL Honig, flüssig
½ TL Currypulver
1 Zwiebel
1 Eigelb
1 Prise Salz

Nährwerte p. P.

285 kcal
5 g Kohlenhydrate
28 g Fett
3 g Eiweiß

1 Pellen Sie die Zwiebel und hacken Sie sie in feine Stücke.

2 Füllen Sie die Crème fraîche in eine Rührschüssel und vermischen Sie sie mit den Zwiebeln, dem Eigelb, dem Currypulver, dem Senf, dem Honig, dem Öl und dem Salz.

3 Zum Aufbewahren geben Sie die Sauce Denmark in ein gut verschließbares Glas.

Tipp: Auch diese Sauce sollten Sie alsbald verbrauchen, da hier rohes Ei verwendet wurde.

Bonus: Alles rund um Hotdogs

Alle Zutaten für Ihre Hot Dogs werden auf den Tisch gestellt. So kann sich jeder Gast seinen Hotdog selbst zusammenstellen.
Sie benötigen außer den Zutaten aus den Rezepten dänischen Senf und Rød Pølse Würstchen. Alternativ können Sie auch Wiener Würstchen verwenden.

HOTDOG-BUNS |

HOTDOG-BRÖTCHEN

10 Port. 180 Min. Leicht

Zutaten

250 g Mehl, Type 550
150 g Roggenmehl
250 ml Milch
50 ml Rapsöl
25 g Hefe, frisch
1 Ei
2 EL Honig
1 TL Salz

Nährwerte p. P.

214 kcal
32 g Kohlenhydrate
7 g Fett
6 g Eiweiß

4 Füllen Sie die Milch in einen Topf und erhitzen Sie sie bei niedriger Temperatur, bis sie lauwarm geworden ist. Geben Sie die Milch in eine Rührschüssel und zerbröseln Sie die Hefe darin. Verrühren Sie beides, bis sich die Hefe aufgelöst hat.

5 Schlagen Sie das Ei hinein und vermischen Sie den Honig, das Öl und das Salz darin. Nun fügen Sie nach und nach beide Mehlsorten dazu und verkneten alles zu einem geschmeidigen Teig. Decken Sie die Schüssel ab und stellen Sie so lange an einen warmen Ort, bis sich der Teig verdoppelt hat.

6 Bemehlen Sie eine Arbeitsfläche und legen Sie den Teig darauf. Teilen Sie ihn in zehn gleich große Stücke und formen Sie daraus Baguette-Stangen, in dem Sie sie aufrollen. Belegen Sie ein Blech mit Backpapier und verteilen Sie die Teigstangen darauf. Nun decken Sie sie wieder ab und stellen sie für etwa 1½ Stunden an einen warmen Ort.

7 Heizen Sie den Backofen auf 225 °C Ober- und Unterhitze vor und schieben Sie das Blech auf die mittlere Schiene. Backen Sie die Teigstangen für etwa zehn Minuten, bis sie eine goldbraune Farbe angenommen haben.

Tipp: Sie können die Hotdog-Brötchen im Voraus zubereiten, denn nach dem Abkühlen können Sie sie einfrieren.

HOTDOG-BRÖTCHEN

8 Port. | 120 Min. | Leicht

Zutaten

310 g Mehl, Type 550
150 ml Wasser, lauwarm
10 g Zucker
25 g Hefe, frisch
1 TL Salz
1 Ei
5 ml Öl
Mehl für die Arbeitsfläche

Nährwerte p. P.

153 kcal
29 g Kohlenhydrate
2 g Fett
5 g Eiweiß

1 Gießen Sie das lauwarme Wasser in eine Schüssel und verrühren Sie die Hefe und den Zucker darin, bis sich beides aufgelöst hat. Vermischen Sie in einer weiteren Schüssel das Mehl mit dem Salz und rühren Sie es dann unter das Hefewasser.

2 Vermischen Sie anschließend mit Hilfe eines Handrührgerätes das Öl und das Ei im Teig und kneten ihn dann für mehrere Minuten zu einem glatten Teig. Decken Sie die Schüssel ab und stellen Sie sie für etwa eine Stunde an einen warmen Ort.

3 Nach 20 Minuten ziehen und falten Sie den Teig mehrmals auseinander und wieder zusammen. Wiederholen Sie diesen Vorgang nach weiteren 20 Minuten und am Ende der Ruhezeit.

4 Bereiten Sie eine Arbeitsfläche mit Mehl vor und belegen Sie ein Blech mit Backpapier. Teilen Sie den Teig in acht Teiglinge und formen Sie sie zu einer Kugel. Rollen Sie jede Kugel zu einem länglichen Baguette und verteilen Sie sie auf dem Backblech.

5 Stellen Sie in den noch kalten Backofen eine Schüssel mit kochendem Wasser. Schieben Sie das Blech mit den Teiglingen auf die mittlere Schiene und schließen Sie die Backofentür. Belassen Sie das Blech für 30 Minuten im Backofen. Anschließend holen Sie beides heraus und heizen den Backofen auf 200 °C Ober- und Unterhitze vor.

6 Backen Sie die Hotdog-Brötchen für etwa 15 Minuten, bis sie eine goldbraune Farbe angenommen haben.

DÄNISCHE REMOULADE

1 Gl. | 45 Min. | Leicht

Zutaten

150 g Mayonnaise
100 g saure Sahne
150 g Mixed Pickles
1 EL Zwiebel, gehackt
1 EL Kapern
½ TL Currypulver
1 TL Senf
1 Spritzer Zitronensaft

Nährwerte p. 100g

235 kcal
2 g Kohlenhydrate
24 g Fett
2 g Eiweiß

1 Schneiden Sie die Kapern und die Mixed Pickles in ganz kleine Stücke. Vermischen Sie die gehackten Zwiebeln darin und füllen Sie das Gemüse in eine Rührschüssel.

2 Geben Sie die Mayonnaise und die saure Sahne dazu und vermengen Sie alles gründlich miteinander. Zum Schluss rühren Sie das Currypulver, den Senf und den Zitronensaft dazu.

3 Stellen Sie die Remoulade für mindestens 30 Minuten zum Ziehen in den Kühlschrank. So kann sich die Farbe und das Aroma des Currys besser entfalten.

RÖSTZWIEBELN

Für ca. 10 Hotdogs | 15 Min. | Leicht

Zutaten

150 ml Sonnenblumenöl zum Frittieren
1 Gemüsezwiebel
1 EL Mehl
Pfeffer nach Belieben
Salz nach Belieben

Nährwerte p. 100g

104 kcal
7 g Kohlenhydrate
7 g Fett
2 g Eiweiß

1 Pellen Sie die Zwiebel und schneiden Sie sie in dünne Streifen oder in kleine Würfel. Geben Sie das Mehl in eine kleine Schüssel und wenden Sie die Zwiebelstücke darin.

2 Erhitzen Sie das Öl in einer Pfanne und frittieren Sie die Zwiebeln, bis sie eine goldbraune Farbe angenommen haben.

3 Holen Sie die Zwiebeln mit Hilfe einer Schaumkelle aus dem Öl und legen Sie sie zum Entfetten auf ein Stück Küchenpapier. Nach dem Abkühlen können Sie die Röstzwiebeln in einem luftdicht verschlossenen Behälter aufbewahren.

EINGELEGTE GURKEN

Für ca. 10 Hotdogs | 45 Min. | Leicht

Zutaten

1 Salatgurke
60 g Zucker
100 ml Wasser
100 ml Weißweinessig
3 EL Dill, gehackt
Pfeffer nach Belieben
Salz nach Belieben

Nährwerte p. 100g

62 kcal
15 g Kohlenhydrate
0 g Fett
1 g Eiweiß

1 Vermischen Sie das Wasser und den Essig in einem Topf und verrühren Sie den Zucker darin. Erhitzen Sie die Flüssigkeit unter Rühren, bis sich der Zucker aufgelöst hat.

2 Hobeln Sie die Gurke in dünne Scheiben. Wenn Sie möchten, können Sie sie vorher schälen. Dies ist aber nicht zwingend notwendig. Geben Sie die Gurkenscheiben in eine Schüssel und gießen Sie den etwas abgekühlten Essigsud darüber. Vermischen Sie den Dill darin und stellen Sie die Schüssel für 30 Minuten zum Ziehen beiseite.

Tipp: Sollten Sie nicht alle Gurken für Ihre Hotdogs benötigen, können Sie sie in einem luftdicht verschlossenen Behälter etwa eine Woche in Kühlschrank lagern.

HOTDOG MIT BRATWURST

4 Port. | 30 Min. | Leicht

Zutaten

4 Rostbratwürste
4 Hotdog-Brötchen
4 Cornichons aus dem Glas
½ Zwiebel, rot
4 EL Mayonnaise
4 EL Ketchup
4 TL Senf
4 TL Röstzwiebeln
1 TL Öl zum Braten

Nährwerte p. P.

678 kcal
26 g Kohlenhydrate
52 g Fett
26 g Eiweiß

1 Pellen Sie die Zwiebel und schneiden Sie sie in feine Stücke. Schneiden Sie die Cornichons nach dem Abtropfen in dünne Scheiben.

2 Erhitzen Sie das Öl in einer Pfanne und garen Sie die Wurst, bis sie von allen Seiten gebräunt ist.

3 Schneiden Sie die Hotdog-Brötchen in der Länge auf, aber nicht ganz durch. Bestreichen Sie die Schnittflächen mit dem Senf und legen Sie eine Wurst hinein. Geben Sie je einen Esslöffel Mayonnaise und Ketchup auf die Wurst und streuen Sie die Röstzwiebeln auf die Oberfläche. Legen Sie die Gurkenscheiben und die Zwiebelstücke hinein und klappen Sie das Brötchen zu.

HOTDOG-PIZZA

6 Port. | 60 Min. | Leicht

Zutaten

Teig:
350 g Mehl
100 ml Milch
100 ml Wasser, lauwarm
20 g Hefe, frisch
50 g Grieß
1 TL Zucker
1 TL Salz
1 EL Olivenöl
Mehl für die Arbeitsplatte
Öl zum Einfetten

Belag:
125 g Mozzarella, gerieben
150 g Wiener Würstchen
100 g Gurkenscheiben, süß eingelegt
100 g passierte Tomaten
2 EL Ketchup

Nährwerte p. P.

405 kcal
53 g Kohlenhydrate
14 g Fett
16 g Eiweiß

1 Zerbröckeln Sie die Hefe und geben Sie sie in eine Rührschüssel. Vermischen Sie den Zucker, die Milch und das lauwarme Wasser mit der Hefe. Stellen Sie die Schüssel für zehn Minuten beiseite, damit sich die Hefe auflösen kann.

2 Anschließend verrühren Sie die Hefemischung mit dem Öl, dem Salz, dem Mehl und dem Grieß. Kneten Sie mit Hilfe eines Handrührgerätes einen glatten Teig aus den Zutaten.

3 Bereiten Sie eine Arbeitsfläche mit Mehl vor und kneten Sie den Teig mit den Händen noch einmal gründlich durch. Nun rollen Sie ihn mit einem Nudelholz zu einem runden Fladen mit einem Durchmesser von etwa 32 Zentimetern aus.

4 Fetten Sie eine Springform oder eine Tarteform ein. Legen Sie den Teigfladen in die Form und drücken Sie den Teig an den Rändern hoch. Stellen Sie die Form für zehn Minuten beiseite.

5 Heizen Sie den Backofen auf 230 °C Umluft vor. Füllen Sie die passierten Tomaten in eine Schüssel und vermischen Sie sie mit dem Ketchup. Streichen Sie die Mischung auf die Teigoberfläche.

6 Halbieren Sie die Würstchen und legen Sie sie sternförmig auf den Teig. Verteilen Sie die Gurkenscheiben und den geriebenen Mozzarella darauf und backen Sie die Hotdog-Pizza für etwa 15 Minuten im Backofen.

HOTDOG-SUPPE

8 Port. | 70 Min. | Leicht

Zutaten

1400 g Kartoffeln
1500 ml Gemüsebrühe
350 g Hotdog-Würstchen, alternativ Wiener Würstchen
200 g Sahne
150 g dänischer Gurkensalat (Glas)
100 g Butter
1 Salatgurke
1 Bund Schnittlauch
6 Zwiebeln
6 EL Senf
Röstzwiebeln nach Belieben
Pfeffer nach Belieben
Salz nach Belieben

Nährwerte p. P.

474 kcal
37 g Kohlenhydrate
30 g Fett
12 g Eiweiß

1 Schälen und entkernen Sie die Gurke und schneiden Sie sie in Streifen. Schneiden Sie die Gurkenscheiben des Salates jeweils in Hälften. Pellen Sie die Zwiebeln und schneiden Sie sie in kleine Würfel. Schälen Sie die Kartoffeln und schneiden Sie sie in Würfel. Schneiden Sie die Würstchen in Scheiben. Spülen Sie den Schnittlauch ab und schneiden Sie ihn in kleine Röllchen.

2 Erhitzen Sie die Butter in einem Topf und braten Sie die Zwiebeln und die Kartoffelwürfel darin an. Gießen Sie so viel Gemüsebrühe auf, bis die Zutaten gerade eben bedeckt sind. Kochen Sie die Zutaten bei mittlerer Temperatur, bis die Kartoffeln gar sind.

3 Nun verrühren Sie den Senf und die Sahne in der Suppe. Wenn Sie möchten, können Sie die Zutaten mit einem Pürierstab pürieren, dies ist nicht zwingend notwendig, macht die Suppe aber cremiger.

4 Geben Sie beide Gurkensorten in den Topf und köcheln alles für weitere zehn Minuten. Wird die Suppe zu dickflüssig, fügen Sie etwas Gemüsebrühe dazu.

5 Anschließend geben Sie die Wurstscheiben zur Suppe und schmecken sie mit Salz und Pfeffer ab.

6 Zum Servieren füllen Sie die Suppe in eine Terrine und garnieren sie mit dem Schnittlauch und den Röstzwiebeln.